中华爱国
人物故事
ZHONGHUA AIGUO RENWU GUSHI

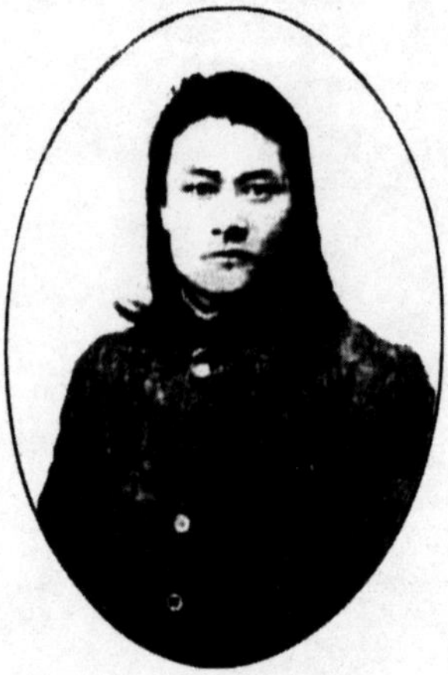

蹈海明志警策国人的陈天华

李桂英 编著

吉林人民出版社

图书在版编目(CIP)数据

蹈海明志警策国人的陈天华 / 李桂英编著. -- 长春 : 吉林人民出版社, 2011.5
(中华爱国人物故事)
ISBN 978-7-206-07851-4

Ⅰ.①蹈… Ⅱ.①李… Ⅲ.①陈天华(1875～1905) - 生平事迹 Ⅳ.①K827=52

中国版本图书馆CIP数据核字(2011)第075753号

蹈海明志警策国人的陈天华
DAOHAI MINGZHI JINGCE GUOREN DE CHEN TIANHUA

编　　著：李桂英	
责任编辑：郝晨宇	封面设计：七　洱

吉林人民出版社出版 发行（长春市人民大街7548号　邮政编码：130022）
印　　刷：鸿鹄(唐山)印务有限公司
开　　本：670mm×950mm　　1/16
印　　张：8　　　　　　　字　　数：70千字
标准书号：ISBN 978-7-206-07851-4
版　　次：2011年5月第1版　　印　　次：2023年6月第4次印刷
定　　价：35.00元

如发现印装质量问题，影响阅读，请与出版社联系调换。

总　序

胡维革

《中华爱国人物故事》是一套故事丛书。它汇集了我国历史上80位古圣先贤、民族英雄、志士仁人、革命领袖、先进模范人物的生动感人史迹，表现了作为中华民族优秀传统的伟大的爱国主义精神。

爱国主义是人们对于"生于斯、长于斯、衣食于斯"的祖国的一种神圣感情，是人们对于自己民族的一种强烈的责任感和使命感，是感召和激励整个中华民族的一面永不褪色的旗帜。在漫长的历史上，爱国主义一直激励着中华儿女为祖国的独立、统一、进步和繁荣而英勇奋斗。从伟大的思想家教育家孔子到统一全国的千古一帝秦始皇，从秉笔直书著《史记》的司马

◆ 中华爱国人物故事

迁到鞠躬尽瘁死而后已的诸葛亮,从伟大的浪漫主义诗人李白到精忠报国的民族英雄岳飞,从七下西洋传播友谊的郑和到抗击倭寇的民族英雄戚继光,从苟利国家生死以的林则徐到为变法流血的第一人谭嗣同,从威震敌胆的抗联将军杨靖宇到人民音乐家聂耳与冼星海,从踏遍青山人未老的李四光到万婴之母林巧稚,从县委书记的好榜样焦裕禄到情系雪域献身高原的孔繁森……都表现出了强烈的爱国主义精神。正是由于热爱祖国的人们前仆后继地奋斗,国家和民族才得以生存,历经一次次历史危急关头而能转危为安,走向兴盛和富强,从而屹立于世界民族之林。爱国主义是鼓舞中华儿女历经忧患、跨越沧桑、百折不挠、自强不息的伟大力量,它贯穿于中华民族的整个历史,并有力

总序

地凝聚着五洲四海的中国人。

爱国主义是一个历史的范畴,在社会发展的不同阶段、不同时期有着不同的具体内容。革命时期,需要我们为祖国的独立自主出生入死;建设时期,需要我们为祖国的繁荣富强增砖添瓦;在全国各族人民团结一心建设富强、民主、文明、和谐的社会主义现代化国家的今天,我们要争做一名新时期的爱国者。新时期的爱国者要有强烈的民族自尊心和自豪感。民族自尊心和自豪感是任何时期任何爱国者都必须具备的情感。民族自尊心能增强我们自立向上的恒心,民族自豪感能树立我们建设祖国的信心。要树立"祖国高于一切"的崇高信念,为了祖国和人民的利益不惜抛却个人的利益,甚至不惜牺牲个人的生命。要树立终身学习的理念,拓

◆ 中华爱国人物故事

宽自己的知识面,广泛吸收新知识新技术,完善自身的知识结构,更新学习知识的方法与理念,从思想上、知识上充分武装自己,为祖国的繁荣昌盛贡献力量。

爱国主义思想的继承和发扬,是关系到民族盛衰、国家兴亡的根本问题。一代代人爱国主义思想情操的形成,需要不断地培养。培养爱国主义的一个重要途径是向爱国主义的英雄人物和典范事迹学习。这套丛书的出版,对于人们向英雄和先进人物学习,特别是对于在中小学生中进行爱国主义教育,将可提供一些生动的教材。祝愿此书出版发行成功,为培养"四有"新人做出贡献。

于2011年4月23日
世界读书日

编委会

策 划：胡维革　吴铁光
　　　　林　巍　李达豪
主 编：胡维革　邢万生
副主编：贾淑文　吴兰萍
编 委：(按姓氏笔画为序)
　　　　于二辉　门雄甲
　　　　刘士琳　刘文辉
　　　　孙建军　李相梅
　　　　李艳萍　杨九屹
　　　　谷艳秋　陈亚南
　　　　隋　军　韩志国

目录
CONTENTS

◎ 012　莫谓草庐无俊杰

◎ 027　从小立志救国难

◎ 031　拒婚求真理

◎ 034　投身拒俄运动

◎ 047　写血书

◎ 050　著书警世人

目 录
CONTENTS

《猛回头》和《警世钟》 060 ◎

组织华兴会和长沙起义 064 ◎

改良与革命 080 ◎

拥护孙中山 102 ◎

参与发起同盟会 105 ◎

难酬蹈海亦英雄 113 ◎

莫谓草庐无俊杰

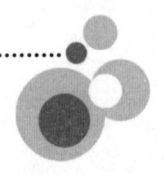

　　1896年一个夏天的夜晚，夜已经很深了，四周一片寂静。忙碌了一天的人们都进入了梦乡，只有一家客栈的屋里依然还亮着微弱的灯光。一位长着一双炯炯有神

陈天华像

的大眼睛、年龄二十多岁的男青年仍在伏案全神贯注地读一本厚厚的书。忽然，这位青年人起身离座，手里拿着墨笔从墨盘里蘸了几下墨，急步走到墙边，在墙上齐刷刷写下几个大字："莫谓草庐无俊杰，须知山泽起英雄。"是谁以"俊杰""英雄"这样的称号来称呼自己？他不是别人，正是未来民主革命的宣传家——陈天华。

湖南省新化县城西北有一个美丽的小村子，说它美，是因为村子四周有许多山，一条小溪从村前潺潺流过，这个村子就是下乐村。在村子东头，有四间瓦房，陈善的家就住在这里。

1875年的一天，陈善家里张灯结彩，喜气洋洋，出出进进的人很多，客人们纷纷向陈善夫妇道喜："恭喜陈老兄，喜得贵子。"这个刚满月的孩子就是陈天华。

陈善夫妇也乐得合不拢嘴，因为这对夫妇生过两个孩子都很不如意。老大是个终身残疾，老二又不幸早年夭折，这个刚满月的孩子又是个男孩，可以为陈家传递香火。因而，这个小生命的降临无疑给陈家带来了喜悦和希望。但是，小天华两岁的时候，母亲因病离开了他，他从小就失去了母爱。母亲去世后，父亲怀着亡妻之痛承担了母亲的责任，无微不至地照顾他。身为落第秀才的父亲，在小山村当私塾先生，以教授小孩读书识字为业。由于家境贫寒，陈天华虽是塾师之子，却迟迟未能进入学堂，靠着提篮叫卖和替人放牛，帮助父亲维持家庭生活。有一天，父亲听小天华背诵一首古诗："锄禾日当午，汗滴禾下土。谁知盘中餐，粒粒皆辛苦。"父亲觉得十分惊奇，赶紧去问他："好孩子，这首古诗是谁教你

陈天华等革命烈士像

的?"小天华眨动着大眼睛,指着爸爸说:"是爸爸教的。"他爸爸一想,我从来没教过他,莫非是在我教其他孩子诵读古诗时他听来的?这件事引起了父亲的注意,父亲认为他是一个天资聪颖的孩子。因而,父亲对这个聪明过人的孩子寄以深切的厚望,希望儿子有朝一日能敲开他未能敲开的仕途之门,戴花翎,穿蟒袍,做一个大清国的官员。在小天华5岁的时候,父亲就开始教他读书识字。陈天华就这样跟随父亲认识了许多字。

学堂的门槛并不能挡住小天华求知求学的渴望和努力。他从5岁起就跟随父亲识字读书,刻苦学习;9岁已熟读《左传》,能把书中的故事讲得绘声绘色。年龄渐长,他益加勤奋,孜孜不倦,偏僻山乡中能够找到的书籍,无论是史籍典册,还是《水浒传》《三国演义》等传奇、小说、唱本,他都视同珍宝,反复诵读。他特别爱读除暴安良、慷慨悲歌的故事,每读至此,常常因沉浸其中而义愤填膺、涕泪横流。

陈天华成长的道路并不是洒满阳光的。陈天华家里经济条件很拮据,日子过得紧巴巴的,当他长到十岁时,本应该是入私塾读书的年岁,却因家境贫寒不得不帮助父亲分担生活的重担而不能进入私塾读书。小天华这个穷苦人家的孩子,过早地品尝了生活的艰辛。他当过放牛娃,给村里有钱的人家放过牛;他也当过小贩,提着小篮沿街叫卖；他也拣过破烂来帮助父亲挣点钱维持这个家庭。艰苦的生活并没有使陈天华放弃对读书的渴望，酷爱读书的陈天华，一有空闲时间就埋头读书。

陈天华从小勤奋好学，天资聪颖。因家贫无钱上学，只好一边给地主放牛，一边在私塾窗外听课，长期坚持，终于感动了教书先生。一日，先生问他，"你偷学了这么久，学得如何？"陈天华没作声。先生说："我出一联，你能对上，我收你做学生，还免你一年五担学谷。"陈天华眼睛一亮，高声答："请先生出题。"先生出题上联道：

"欲改农夫业。"6岁的陈天华思考片刻朗声答道："将攻圣贤书。"先生一听，拍掌道："妙极！"逐收他为爱生。

  陈天华读书兴趣很广泛，他不仅喜爱读历史书籍，也特别喜欢看弹词、小说。陈天华的家乡是一个偏僻的小山乡，文化生活比较落后，得到一些书来读是一件十分不容易的事情。陈天华偶然得到一些书籍如《水浒传》《西游记》《三国演义》《封神榜》《二度梅》《粉妆楼》等弹词、小说的零散篇章，总是爱不释手，好像得到一件宝贝一样，恨不得不吃饭不睡觉也要把书看完。陈天华读书读得很细致，他在仔细阅读过后，还经常模仿这类文艺体裁，写出一些情节生动、文字流畅的通俗小说与民歌小调。他把自己的成果拿给乡里人看，乡里

人看完这个乳臭未干的孩子写过的作品后，都禁不住跷起大拇指，夸赞他是个"神童"，将来必定有大的出息。

有一年，县里举行童子试，族长推荐陈天华去应试。陈天华由他父亲陪同，带了几个麦子粑粑来到了县城。应试那天，两个主考官看他土里土气的样子，叫他站在一边，让他参加最后一个考试。陈天华心怀不满，正想

湖南省新化县，陈天华曾在这里生活、学习。

发作，却被胆小的父亲制止。终于等到轮考陈天华了。主考官早就看见了陈天华在一边啃麦子粑粑的情景，便以此为题出上联道："腹中藏麦饼。"没想到陈天华一言既出："胸内定乾坤。"让两位主考官大大地吃了一惊。

少年时代的陈天华对贫苦生活的体验，对历史、文艺作品的爱好，为他后来在鼓吹革命时期撰写出感情丰富、文体通俗的著述和文章提供了坚实的基础。

1896年，陈天华的父亲离开乡村来新化县城谋生，住在资江书院。21岁的陈天华也随父来到县城。由于生活所迫，他未能入书院读书，仍靠做小贩维持生活。来到新化县城，走出重峦叠嶂的山乡，陈天华的视野一下子开阔了，甲午战争失败后近代中国所面临的深重忧患和正在发生的剧烈变化，给陈天华沉寂的心灵以巨大的震动。被帝国主义列强瓜分之祸迫在眉睫，民族危机空前严重。昏庸腐败的清政府非但不进行抵抗，反而大力强化封建文化，用"之乎者也""石马弓刀"等文、武科举来销蚀中国人民的反抗意识。陈天华痛恨清政府的腐朽暴戾，同情广大劳动人民啼饥号寒、备受荼毒的苦难，从而激发起他对洪秀全、杨秀清领导的太平天国运动深深的景仰，痛恨镇压起义的清朝官员，认为他们是中华民族的败类，万世罪人。所以，陈天华从小就立志澄清天下、救民于水火。有一天傍晚，太阳渐渐地落山了，陈天华在资江书院的凉亭里看书。忽然一阵呜咽声引起了他的注意,他循声看去,见石桌旁几名书院的学生正在借酒浇愁。一位身着长衫,背后梳着一条长辫子的学生边哭边说:"中国真要亡国灭种了!沙俄盘踞在长城以北,英国控制了长江中下游,法国据有两广和云南,德国要称霸山东,日本占据福建,中国真的快要被列强瓜分了!"

陈天华听到这里怦然心动,禁不住问出声来:"这可怎么办呢?我们也不能干等着挨打啊!"

几位学生都是一惊,见陈天华一脸关切的样子,虽然穿着破旧却喜爱读书,很快对他产生好感。那穿长衫

甲午战争时期被日军占领的炮台

陈天华画像

的学生拉他坐在身边并对他说:"办法是有的,现在康有为等人正在领导维新变法,如果中国也能向别国那样学习,方见成效,我们就有希望了。只是变法的阻力太大了,唉!"

陈天华似懂非懂,但他已经明白这几个学生正在为国家担忧,他抬起头充满感激地看着他们:"像我这样的人也能为救国出力吗?"

"能!如果我们国家的百姓都能像你一样关心国家,我们的国家就更有希望了!"穿长衫的学生紧紧地握住了

中华爱国人物故事
ZHONGHUA AIGUO RENWU GUSHI

他的手。

从这以后，陈天华开始留心报纸，留心维新运动的发展状况，一种"天下兴亡，匹夫有责"的使命感越来越强烈地埋在了他的心里。

陈天华跟随父亲住在资江书院，对他个人成长是个有利的时机。求知欲很强的陈天华没放弃这个便利条件，他有闲暇时间就到课堂去旁听。有一天夜晚，资江书院院长邹苏柏在给学生批阅论述古今治乱兴亡的作文时，

戊戌变法领袖康有为

意外地发现一篇洋洋洒洒、长达数千言的文章。"这篇文章写得真棒!"老先生一边看文章,一边情不自禁地发出赞美声。阅读完后,他迅速拿起笔在这篇文章的末尾写下了这样的评语:"议论精当,材料丰富,不同凡响。"老先生心里十分高兴,他自言自语地说:"这篇文章是谁写的呢?"他往前翻了几页,试图想寻找一下答案。遗憾的是,这篇文章未写上作者的姓名。老先生感到十分奇怪。第二天一大早,他就来到课堂。课堂里传来了琅琅的读书声。老先生一走进课堂,同学们都站起身来,向院长问候。老先生拿着作文,指着这篇文章问:"这篇文章是谁写的?"课堂里的同学都连连摇头,纷纷都说不是他们写的。这时,坐在屋角的陈天华,红着脸,站起身说:"先生,这篇文章是我写的。"老先生上下打量着陈天华,见这个年轻人尽管穿着打扮十分平常,但两只眼睛却炯炯有神,眉宇间流露出刚毅。老先生惊奇地问:"这位后生,你是谁,我怎么不认识你?"陈天华回答说:"先生有所不知,我不是本院的正式学生,我是小贩,靠卖东西为生,偶尔有空闲时间来听先生讲课。"课下,邹苏柏又和陈天华长谈一番,陈天华的才学和怀有爱国之志令老先生佩服。邹苏柏几天内心里一直琢磨,国家正值多难之秋,多么需要有才学、有抱负的青年人报效国家呀。陈天华是个不可多得的人才,像他这样学业根底比较好的人如果能入资江书院学习的话，学业一定会大有长进。于是，这位惜才如玉的老先生为陈天华的成长创造了便利条件。他打破惯例，允许陈天华这个课外生阅读书院的藏书。书院的藏书十分丰富，其中有一套二十四史，是陈天华最喜欢读的。他有空就去读这套史学巨著，企图探究历史上兴衰治乱的原因，以寻求救国救民的良药。邹苏柏看在眼里喜在心上，如果能让他成为一名正式生就好了，可是谁能为他出钱呢？这一天，邹苏柏去陈府拜访大富商陈御丞，双方寒暄过后，邹苏柏说："陈老兄，近日来我发现你们族里多了个奇才，这位小伙子很有才学，是棵好苗子，希望你老兄栽培，日后

甲午战争照片

他若出了名，您老兄脸上也有光彩。"陈御丞赶忙问道："我怎么资助他呢？"邹苏柏满脸赔笑地说："你每月只需供给他三斗米，一串钱，他就可以不必为吃饭穿衣而奔忙，就可以安心在书院里学习。"陈御丞心里反复掂量：出这么一点钱可以培养一个青年人成材，倘若日后他有了成就，谁不说我是个善识人才的伯乐；何况，出这么点钱算不了什么，等于从九头牛身上拔一根毫毛一样。于是，陈御丞爽快地答应了这件事。这样，陈天华生活有了保障，可以一心一意在书院读书了。

陈天华深知读书的机会来之不易，越发勤奋努力，把书院的一部二十四史，整日整夜，细心研读。史学巨著中夷狄侵华、民族兴亡的史实，不断牵动起他对时局的无穷忧虑，时而掩卷长叹，时而拍案而起。陈天华读起书来十分勤奋刻苦。他参加学堂或省城的考试，经常是名列前茅，在湖南学界很有名气。

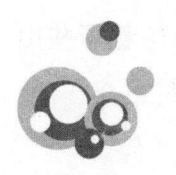

从小立志救国难

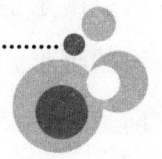

　　陈天华从小失去母亲,与父亲相依为命。由于家里穷,没钱上学,只好去给别人放牛,由当过秀才的父亲教他认字读书。十五岁那年,陈天华才得到进私塾读书的机会。

　　别看整天要为一日三餐去奔波,可陈天华始终也没

放下书，他把能借到的书差不多都读遍了，还是读不够。他特别喜爱民间流行的弹词小说，有时还模仿着写些山歌小调，这为他后来能够用最通俗的语言进行革命宣传，打下了基础。

由于生活在社会下层，陈天华经历和看到了劳动人民的苦难，从青年时代起，就立下了报民报国的远大志向。

1898年，陈天华在资江书院读书的时候，正赶上维新派领袖之一的谭嗣同回长沙主持"新政"，全省的风气一下子全变了。在陈天华的家乡新化，有人仿效省城梁启超任教的时务学堂，办起了新式学堂，陈天华马上考入了这个学堂读书。维新变法运动急剧高涨，湖南当地因维新志士谭嗣同、唐才常等人的倡导，更趁一时之盛废科举、开议院、开矿产、修铁路、兴学校、改官制、禁鸦片等一系列变法主张，使陈天华洞开一窗，耳目一新。他认识到学习西方，维新变法，才是中国由弱变强的"新机"，是匡世济时的良策。此时，新化县也改革书院，建立了倡导新学的新化实学堂。实学堂的学生，学习西方的历史科学和社会政治学说，教师也都倾向于维新。陈天华随即离开资江书院，考入这所新式学堂。入学后的第一次作文，教师出了《述志》一题。他不假思索，把自己的抱负一挥而就，凝聚在仅百余字的短文中。

"大丈夫立功绝域,决胜疆场,如班定远、岳忠武之流,吾闻其语,未见其人。至若运筹帷幄,赞划庙堂。定变法之权衡,操时政之损益,自谓差有一日之长。不幸而布衣终老,名山著述,亦所愿也。至若徇时俗之所好,返素真之所行,与老学究争胜负于盈尺地,有死而已,不能为也!"

谭嗣同(右)与光绪皇帝(中)合影

此文陈述了陈天华参与变法、改革时政的志向,且即使"布衣终老"也要著书立说,绝不能随时俗而与老学究在八股考场上争胜负。作文写完,陈天华第一个交卷,走出了教室。教师看了陈天华的文章,非常欣赏,不禁拍案叫绝。他评论陈天华的文章,立意新颖,文风犀利,读了让人有快刀斩乱麻的感受,并赞赏陈天华不同凡响的志向和气概。教师大笔一挥,给陈天华的《述志》一文打了全校的最高分。

拒婚求真理

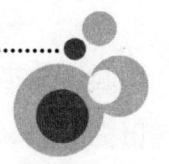

正当戊戌变法运动蓬勃发展时，封建顽固派发动了宫廷政变。谭嗣同等六君子慷慨就义，血染刑场，新政全部被推翻。1900年春，北方爆发了反帝爱国的义和团运动，给帝国主义以迎头痛击，可腐朽的清政府统治者却实行"量中华之物力，结与国之欢心"的卖国政策，重新调整国家机器，加紧搜刮民脂民膏，以偿还战争赔款。陈天华从戊戌变法的失败和八国联军入侵的悲剧中，更深刻地认识了清政府的倒行逆施。从此他在愤恨之中刻苦求学，力图寻找新的救国之路。维新志士的鲜血和爱国运动的失败唤醒了一批青年知识分子，陈天华就是这批青年中的一个。当时，在他脑子里，对如何寻找新的救国之路这个问题的答案很明确：要救国，只有学外国；欧美太远，只有去日本。这时候的清朝政府，已经成为帝国主义的"守土长官"，需要一批懂洋务的人，

所以各省都选派留学生去日本。陈天华参加了考试，取得了"留学官费生"的资格。从此，开始了他短暂生命中闪光的新阶段。

在陈天华马上要离开祖国的时候，他感到时间非常宝贵。一套《二十四史》，他翻过了一遍不够，又从头读起。他担心到日本后，就没有时间系统地研究中国的历史了。

有一位地方官员，听说有一个叫陈天华的青年，整天埋头读书，还写得一手好文章，就特意来看他。原来，这位官员有一个爱女，已到了出嫁年龄，官员一心想把女儿许给一个有前途的才子。这天他见到陈天华，没谈上几句话，就相中了，便试探着问陈天华："你常年在

岳麓书院

省城读书，总不见有回乡的时候，就不想念你的娇妻爱子吗？"

"大人有所不知，我至今仍是孑然一身，哪来的娇妻爱子啊？"

"噢，原来如此，恕我冒昧！但不知你现年多大？"

"不瞒大人，我已是将近而立之年的人了。"

古人有"三十而立"的说法，指人到三十岁应当成家立业了，所以"而立"之年就成了三十岁的代名词。陈天华的实际年龄是二十八岁，按当时人"虚龄"的算法为二十九岁，确已接近三十岁了。在那个时代，三十未婚的男子是非常少见的。

官员吃了一惊，却打心里更喜欢陈天华了，就提出愿把自己的女儿嫁给他。没想到竟然被胸怀大志的陈天华拒绝了。陈天华回答说："承蒙大人厚爱，无奈当今世道不太平，我怎能用妻儿之情拖累自己呢？国家一天不安宁，我就不考虑结婚的事！何况我不久还要东渡日本。"

为了追求真理，陈天华毅然放弃了"成家"的考虑，把自己交给了救国事业。

投身拒俄运动

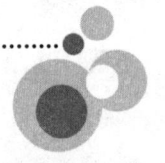

1903年3月，陈天华以优异的成绩被选送到日本留学，进入东京弘文书院学习师范科。此时在日本的留学生已有几千人，无论是公费生还是自费生，一到日本他们就被日本蒸蒸日上的社会形势所感染。日本是当时中国进步青年一心向往的求学之地，那里先后聚集了黄兴、蔡锷、秋瑾、鲁迅、吴玉章等一大批革命先驱，他们"为求富国强兵策"，"只身东渡挟春雷"，在日本一边求学，一边进行宣传民族革命和民主思想活动。日本民主的政治气候、发达的经济状况、开放的思想意识和专制主义的清朝形成了鲜明的对比，一种改变中国贫困落后面貌的爱国主义热情在他们心中升腾，促使他们当中的大多数都投入了爱国救亡的浪潮。陈天华一到日本，立刻就被留日学生中浓郁的革命气息所感染。那些当时在国内闻所未闻的"大逆不道"的言论，使他感到痛快淋漓。陈天华如饥似渴地学习达尔文《进化论》、卢梭《民约论》《美国独立檄文（宣言）》等西方启蒙思想家的著作，寻求救国救民的真理。同时，他还积极参加了爱国宣传活动。虽然因时间太紧日语还不够流畅，但置身于浓郁的革命气氛中，他的思想却发生了迅速而巨大的变化。

　　陈天华到日本后不久，沙俄政府单方面撕毁《中俄交收东三省条约》，拒绝从我国东三省撤军，还蛮横地向清朝政府提出7项新的侵略要求，企图永远霸占我国东

达尔文像

中华爱国人物故事
ZHONGHUA AIGUO RENWU GUSHI

被八国联军焚烧后的圆明园

三省。沙俄的无耻行径,激怒了中国人民,一场声讨沙俄的拒俄运动大举爆发了。

那天,陈天华刚从图书馆出来,迎面碰上了匆匆走来的黄兴。黄兴也是湖南人,和陈天华的关系很密切,他们经常一起参加活动。

"黄大哥,你这么匆忙,干什么去?"

"哎呀,可找到你了,我正急着找你呢?"

"出了什么事?"陈天华急切地问。

"找个地方坐下再说。"黄兴和陈天华出了图书馆,在路西的一棵大树下坐定。

"你知道八国联军进北京时俄国人兵分两路吧?"

"知道。"陈天华点头,表示肯定。

"他们进北京的那一路和各国一起活动，烧杀淫掠，而另一路则占领了东北大片土地。《辛丑条约》签订后，他们答应两年内撤兵，现在时间已到。"黄兴说到这儿停了一下。"

"怎么样？"陈天华焦急地问。

"国内传来消息，沙俄不准备撤兵，还提出无理要求。"

1901年8月，八国联军侵入北京，慈禧太后携光绪皇帝逃往西安。后来由李鸿章出面求和，在9月与11国签订了空前屈辱的《辛丑条约》。

"他这是欺我们软弱,朝廷岂能认可!"

黄兴叹了口气:"唉!朝廷已被他们打怕了,少不了还得让步。"

"那怎么行!"陈天华急了,两道眉毛也竖了起来。

"所以我想发动留学生掀起一场拒俄运动,既促动朝廷,又威胁俄国,你看如何?"黄兴说着把目光转向了陈天华。

陈天华毫不犹豫,立刻表示赞同:"我们这就分头去活动。"

1903年4月29日,在樱花辉映的锦辉馆,拒俄集会如期举行。到会的有几百人,大都是身穿制服的中国留日学生,他们一个个面带激愤,三五成群地议论着,有人慷慨激昂,挥舞着拳头,有人则眼含泪水,一脸悲愤。陈天华觉得时机已到,和黄兴商量了几句,率先走上了讲台:

"同胞们,大家已经知道了东三省面临着存亡的危机!我们都是中华子孙能看着祖国领土被霸占而袖手不管吗?"

"不能!"

"不能!"台下的学生高呼起来。

"对,我们不能不管。今天发起这个大会就是要成立一支拒俄义勇军,开赴东北战场与沙皇俄国作战,有志愿者，请报名。"

陈天华说完径直走到义勇队名册前，在"敢死簿"一栏里添上了自己的名字。

同是文弱学生，都在青春之年，陈天华能做到的，他人为什么不能。在陈天华的带动下，人群里不断有人走上台来报名。

这时，一位身材瘦小，戴着眼镜的女同学也走上台来，她环视台下，没等讲话先已流下泪来。

八国联军侵华

"我是个女儿身,不能扛枪打仗,但眼见着祖国的大好河山遭人践踏,我们有什么脸面在异乡享受平静的生活!我也报名,我愿意随军担任看护,以尽自己微薄之力。"

说完,她含泪转过身去,在名册上签上了自己的名字。

这个女学生的举动震动了在场所有的人。名册簿前排起了队,出席大会的大部分人都签了名,拒俄义勇军成立了。

他们放下书,丢下笔,起早贪黑地进行训练,就等着一声令下开赴东北战场。

这天,陈天华与黄兴一同来到清朝驻日使馆,求见驻日公使蔡钧。等了好久,他才慢悠悠地出来,手里端着烟袋,背后拖着又粗又长的辫子,一看就是个腐朽的官僚。

"找我什么事啊?"他一屁股坐在太师椅上,眼皮也没抬一下。

"我们听说俄国拒绝撤兵东北……"没等黄兴说完,他就接话了:

"俄国不撤兵和你们有什么相干?"

陈天华非常生气,朗声说道:"我们是中国人,他霸占我们的国土,当然与我们相干。"

"嘿?"蔡钧被撞了回去,这才抬起头来上下打量着陈天华、黄兴两人,然后又垂下厚眼皮,怪声怪气地问道,"相干你们又能怎样?"

"我们已经组织了拒俄义勇军,正在加紧训练,派回国内的学生也组成了同样的队伍。希望蔡大人向朝廷联系,让我们开赴东北战场,参加战斗。"陈天华激昂地说。

"什么,你们组织了军队,还要参加战斗?"蔡钧像挨了一掌似的,猛地从椅子上站起来,"你们是想谋反,好啊,你们不说我还不知道,你们在国内也组织了军队,立即给我解散,否则有你们好看。"他恶狠狠地瞪了陈天华一眼,不等他们辩解就走了。

蔡钧觉得自己立功的机会来了，他一方面拍电报回国声称东京留学生尽为革命党且已回国活动，要求清廷查拿严办；另一方面勾结日本当局干涉留学生的活动，不久拒俄义勇军在日本警方的威逼下被迫解散了，爱国学生的一腔热血付之东流。

那天，陈天华等人不约而同地来到黄兴的住处，有人带了酒，有人买了干牛肉，黄兴拿出几盘小菜，大家围桌而坐，默默饮酒。愤懑、不满与仇恨随着杯酒在每个人心里积压、膨胀，最后终于爆发了。

陈天华举起一大杯酒，一饮而尽："这是什么道理

啊，报国无门，爱国有罪！"他大声喊着，将手里的酒杯摔得粉碎。

"清政府拿我们百姓的山河不当事，只保他们的统治权。"

"说得对！"陈天华接过黄兴的话，"朝廷已成了洋人的朝廷，成了洋人统治我们的工具，这样的朝廷我们要他何用？"

"砸了它！"

"砸了它！"

几个人都站了起来，把手中的杯子当成卖国政府狠

狠地摔在地上。

"大家请坐下，我们好好讨论一下，成立一个反清爱国组织怎么样？"黄兴及时引导大家把反清的情绪转向具体行动。

见大家都平静下来，黄兴谈了自己的想法，"我们这个组织应当以宣传反清爱国为目标，但要以合法的形式在日本立足，这样才能既达到目的，又设法存在下去。"

陈天华沉思了一会儿说："我们就搞一个军国民教育会，提高国民的军事素质，同时下设几个部搞起义、暗

黄兴像

杀、宣传。"

"嘿，不错。清政府和日本都无词干涉，大家认为怎么样？"黄兴把目光转向其他人，大家都没有异议。

全国群众性的拒俄运动，吓坏了清朝政府，由于统治者奉行"宁赠友邦，不与家奴"的卖国政策，认为留学生"名为拒俄，实则革命"。所以谕令各省督抚对有革命意图的归国留学生，"随时获到，就地正法"。如此，爱国成了有罪，抗俄救亡变成了谋反叛逆，清政府已完全成为"洋人的政府"，人民的仇敌。要保卫中华民族，就必须推翻清朝政府，在拒俄运动的现实中陈天华也成长起来，开始从一个热烈的爱国者，变成了坚决的革命斗士。

1903年5月11日陈天华与黄兴、蔡锷、秦毓鎏等青年志士，不顾清政府和日本政府的高压，以被迫解散的原拒俄义勇队为基础，组织了革命团体"军国民教育会"，并制定了"养成尚武精神，实行爱国主义"的武力反清新宗旨。矛头直指卖国的清统治集团。同时，陈天华还自认充当从事宣传革命和筹备起义活动的"运动员"，愿自备费用返湖南筹措经费，开展活动。当年初夏至仲秋，他参加编印《游学译编》《新湖南》两本革命刊物，发表《论中国学生同盟会之发起》《复湖南同学诸君书》等许多文章，积极宣传革命。

10月，沙俄宣布中止中俄有关东三省问题的谈判，派兵重新侵占奉天省城，并限令东三省的中国官员在一个月内出境。气焰万分嚣张的沙俄，企图把中国东北变成自己的领土。国难日亟，陈天华只觉天地塌陷，他大声疾呼"要革命的，这时可以革了，过了这时没有命了"，号召人民奋起革命，为保卫祖国的独立和民族的生存而英勇战斗。悲愤至极，他决定不再留在海外仅作宣传，而要能言且能行，回国直接参与反清救亡，立志以捐躯报国。

写血书

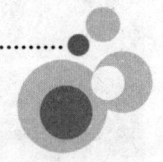

1903年春，陈天华到达日本东京。当时正是日本和俄国在我国东北争斗的时候，陈天华立即投身到留日学生掀起的拒俄运动中去。他积极参加"拒俄义勇队""军国民教育会"的活动，同过去的改良主义思想彻底决裂，走上了反清爱国的革命道路。

一天晚上，陈天华回想着白天那些热烈的斗争场面，不由得思念起湖南的父老乡亲。他没有软绵绵的思乡之情，而是想唤醒家乡父老，共同斗争。他铺上纸，猛地咬破手指，一股殷红的鲜血滴在纸上，敬告湖南人，五个血字，一腔激情，一发而不可止。

"湖南同胞们，中国的命运就掌握在你们手中，你们以为中国没希望，就真的没希望了，但你们以为中国亡不了，就真的不会亡！父老乡亲们起来吧，以湖南推动中国的进步，挽救中国的危亡"。

写着，写着，陈天华的脑海中又浮现出谭嗣同、唐才常这些湖南维新志士的形象，泪水从他的脸颊滚落到纸上，他继续写下去："而挽救中国的危亡，最重要的就是要不怕死，只要万众一心，舍死向前，就没有我们做不成的事！"一连几个夜晚，陈天华蘸着自己的鲜血和热

泪，写出几十封血书，分寄给湖南的各个学校。所有收到血书的人，都被陈天华的爱国热情深深感动了。人们把他的血书贴在墙上。看了血书的人，无不痛心疾首。接着，陈天华又怀着激昂的爱国热情，运用说唱形式，写了《猛回头》和《警世钟》两本小册子。这两本书，像一曲悲壮的血泪歌，迅速地在祖国的大江南北流传开了！

陈天华不仅向父老乡亲们宣传救亡，还准备回家乡参加反清斗争。这年冬天，陈天华和黄兴被推举为归国革命运动员，回到了湖南。

很多爱国青年都投入到了当时的拒俄运动中

著书警世人

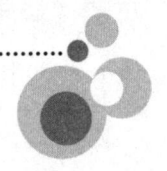

1906年一个炎热的夏天,浙江金华县的刑场上岗哨林立,警卫森严,围观的人很多,有男的有女的,有老的有少的。大家都在看处决一个犯人。这时人群稍微晃动一下,只见犯人从囚车中走出来。犯人被打得遍体鳞伤,衣衫褴褛,披头散发,满脸血污,双手被紧紧地绑着。走到行刑地点,刽子手说:"跪下。"那犯人好像没听见似的,依然纹丝不动。这时,过来几个凶狠的家伙强把他按住,让他跪下。一个当官模样的人得意地说:"曹阿狗,今日就是你的死期,明年今日就是你的周年,你死到临头,你知罪吗?"犯人曹阿狗面对杀气腾腾的敌人毫无惧色,他朝当官模样的人轻蔑地瞟了一眼,厉声问道:"呸,我何罪之有,我只不过四处公开演讲《警世钟》《猛回头》,这两本书为什么不允许四处演讲?"清朝官吏无词以对,慌忙令刽子手行刑。一声炮响,刀起头落，曹阿狗就这样被清政府杀害了。这个被杀的犯人曹阿狗，是浙江金华县的龙华会会员，罪名是到处讲演"逆书"《猛回头》和《警世钟》。那么，《猛回头》和《警世钟》是两本什么样的书呢？

原来，这是两本既宣传反帝爱国思想，又宣传反清革命思想的书，它的出版打破了"长梦千年何日醒，睡乡谁遣警钟鸣"的沉闷局面，唤醒了更多人的觉悟去从事反帝反清的革命，所以，反动的清政府视这两本书为仇敌，称这两本书是"逆书"，禁止人们出版和销售它，禁止人们阅读它，禁止人们到处讲演它。是谁写了这两本"逆书"？这两本书的撰写者不是别人，正是陈天华。不过当时这两本书上均未签署真实姓名，而是分别署上

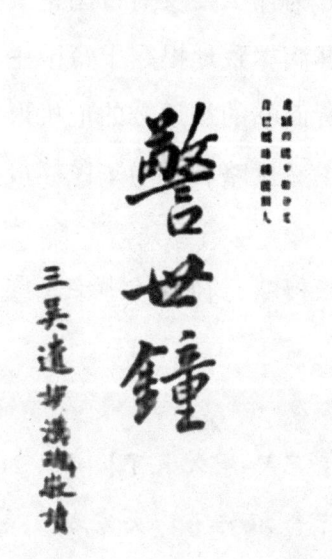

"群学会主人""神州痛哭人"两个名字。

陈天华在《猛回头》和《警世钟》两本书中，旗帜鲜明地提出反对帝国主义思想。为什么要反对帝国主义呢？陈天华在两本小册子里，淋漓尽致地揭露了帝国主义瓜分中国的野心，指出中国所面临的被瓜分的危机形势，向同胞们大声疾呼：帝国主义侵略者是中华民族最危险的敌人。

陈天华指出帝国主义的残暴侵略行径，使中华民族面临灭顶之灾：

哎呀！哎呀！来了！来了！什么来了！洋人来了！洋人来了！不好了！不好了！大家都

不好了！老的，少的，男的，女的，贵的，贱的，富的，贫的，做官的，读书的，做买卖的，做手艺的，各项人等，从今以后，都是那洋人畜圈里的牛羊，锅子里的鱼肉，由他要杀就杀，要煮就煮，不能走动半分。唉，这是我们大家的死日到了！

苦呀！苦呀！苦呀！我们同胞辛苦所积的银钱产业，一齐要被洋人夺去；我们同胞恩爱的妻儿老小，活活要被洋人拆散；男男女女们，父子兄弟们，夫妻儿女们，都要受那洋人的斩杀奸淫；我们同胞的生路，将从此停止；我们同胞的后代，将永远断绝。枪林弹雨，是我们同胞的送终场；黑牢暗狱，是我们同胞的安身所。大好河山，变成了犬羊的世界；神明贵种，沦落为最下的奴才。

那么怎样才能挽救中国的危局呢？陈天华明确地提出反对帝国主义的思想。

第一，陈天华提出了对帝国主义敢于斗争的思想。针对当时的中国人"怕洋人怕到了极点"，不敢同洋人作斗争的畏惧害怕心理，他热情宣传敢于藐视敌人，勇于同敌人作斗争的思想。他说："其实洋人也是一个人，我

也是一个人,我怎么要怕他?……不知我是主,他是客,他虽然来得多,总难得及我。""其实洋人也不过是个人,非有三头六臂,怎么就说不能敌他?"

第二,陈天华提出为了有效地进行反侵略斗争,应该学习西方的长处,克服自己的短处,把学习西方和反抗侵略结合起来的策略思想。他认为:"须知要拒外人,需要先学外人的长处。譬如与我有仇的人家,他办得事体很好,却因为有仇不肯学他,这仇怎么能报呢?他若是好,我要比他更好,然后才可以报得仇呢。""即如他的枪能打三四里,一分时能发十余响,鸟枪只能打十余丈,数分时只能发一响,不学他的枪炮,能打得他倒

陈天华、姚宏业合墓

吗？"陈天华说；"越恨他，越要学他；越学他，越能报他，不学断不能报。"学习洋人的长处，需要有恒心；"俗语道：'天下无难事，只怕有心人。'若有心肯学，也是很容易的。"

第三，陈天华还提出反对帝国主义侵略，必须只争朝夕，应该立即行动起来。

针对当时一部分知识分子在亡国灭种的紧急时刻，不肯参加流血斗争，鼓吹改良分子所宣称的"预备救国"的观点。陈天华劝告青年人，不要空谈救国，不要推卸责任，应当立即行动起来。陈天华说："须知事到今日，断不能再讲预备救中国了，只有死死苦战，才能救得中国。""预备救国"就"犹如得了急症，打发人往千万里之外，买滋补的药，直等到病人的尸首都烂了，买药的人，还没有回来，怎么能救急呢？"他说："预备报国"实质上是叫中国人民"大约预备做奴隶罢？"他强调救国要靠实际行动，"明是会说，必要会行。"

第四，面对帝国主义的侵略，陈天华号召全国人民动员起来，团结一致，挽救民族危亡。他向全国人民呼吁："洋兵不来便罢，洋兵若来，奉劝各人把胆子放大，全不要怕他。读书的放了笔，耕田的放了犁耙，做生意的放了职事，做手艺的放了器具，齐把刀子磨快，子药上足，同饮一杯血酒，呼的呼，喊的喊，万众直前，杀

那洋鬼子，杀投降那洋鬼子的二毛子。"

在《猛回头》和《警世钟》两本书中，陈天华不仅提出了反帝爱国思想，也提出了反对清朝专制统治的民主革命思想。陈天华已意识到，反对帝国主义侵略，挽救民族危亡，就必须推翻清政府，把反帝斗争和"排满"结合起来。陈天华指出，清朝政府应当推翻的必要性，是因为清政府是一个卖国政府："列位，你道今日中国还是清政府的吗？早已是各国的了，那些财政权、铁道权、用人权，一概拱手送与洋人。洋人全不要费力，要怎么样，只要下一个号令，清政府就立刻奉行。"清朝统治者"见了洋人，犹如鼠见于猫一般，骨头都软了，洋人说一句，他就依一句。"这样的政府只能叫作"洋人的朝廷"，帝国主义的"守土官长"和"奴隶总管"。清政府动辄给

爱国志士"加以违旨的罪，兴兵剿洗，连草芥也比不上"。这样，"十八省中愁云黯黯，怨气腾霄，赛过那十八层地狱"。所以，陈天华说："我们要拒洋人，只有讲革命独立，不能讲勤王。"

一本书，一种理论，它的价值有多大，革命性有多强，从革命人民群众是否欢迎这个角度就可以反映出来。这两本书出版后，风靡一时，轰动中外，在当时的影响较之章太炎《驳康有为论政见书》及革命中马前卒邹容所著的《革命军》有过之而无不及。陈天华的作品主要在革命团体和清朝的新军中，在民间会党和学校的青年学生中广为流传。在武昌起义前夕，散布于新军中的革命宣传品，主要是邹容的《革命军》和陈天华的《猛回

陈天华铜像

头》《警世钟》等书,所以说陈天华的作品推动了20世纪初中国的资产阶级民主革命高潮的出现,因而人们称誉陈天华为资产阶级民主革命宣传家。

《猛回头》和《警世钟》

陈天华在1903年夏天,就开始写《猛回头》和《警世钟》,几个月后写出了初稿。第二年又对《警世钟》做了增补。他回湖南准备发动武装起义的时候,就把这两本小册子带上,在学校、在新军中广泛散发。

《猛回头》和《警世钟》采用民间弹唱的形式,读起来上口,容易懂,又充满感情,很受广大群众的喜爱。

在讴歌我们伟大祖国的段落中,陈天华写道:

我中华,原是个,有名大国,不比那,弹丸地,僻处偏方。

论方里,四千万,五洲无比,论人口,四万万,世界谁当。

论物产,真是个,取之不尽,论才智,也不让,东西两洋。

然而，这样一个富饶美丽的国家正遭受着怎样的灾难呢？请看：

痛只痛，甲午年，打下败阵；
痛只痛，庚子岁，惨遭杀伤；
痛只痛，割去地，万古不返；
痛只痛，所赔款，永世难偿；
痛只痛，东三省，又将割献；
痛只痛，法国兵，又到南方；
痛只痛，因通商，民穷财尽；
痛只痛，失矿权，莫保糟糠；
痛只痛，办教案，人命如草；
痛只痛，修铁路，人扼我吭；
痛只痛，在租界，时遭凌践；
痛只痛，出外洋，日苦深汤。

那么，清朝的统治者又做了什么呢？陈天华一针见血地指出：

这朝廷，原是个，名存实亡，
替洋人，做一个，守土官长，

压制我，众汉人，拱手降洋。

陈天华于是呼吁人们起来反清，反侵略，并坚定地告诉大家，这个目的是一定能够达到的：

或排外，或革命，舍死做去，
孙而子，子而孙，永远不忘，
这目的，总有时，自然达到，
纵不成，也落得，万古流芳。

胜利后的中国将是什么样的呢？陈天华为大家描绘了一幅图画：

猛睡狮，梦中醒，向天一吼！
百兽惊，龙蛇走，魑魅逃藏。
改条约，复政权，完全独立，
雪仇耻，驱外族，复我冠裳。
到那时，齐声叫，中华万岁，
才是我，大国民，气吐眉扬。

《猛回头》《警世钟》这两本小册子，在国内引起了极大反响。《警世钟》一连被翻印了十几次。湖南一些进

步学校还把《猛回头》等作品作为课本，发给学生学习。有的地方把它排成节目，谱上曲子，到处演唱。就连一些农村，也读到了这两本书。

清朝政府对陈天华的作品非常恐惧，把它当成"逆书"，严禁流传。结果却适得其反，越禁止，它的读者反而越多。

陈天华由于写了《猛回头》和《警世钟》这两篇重要的革命文章，被人们尊敬地称赞为"革命党的大文豪"。

组织华兴会和长沙起义

陈天华所撰《猛回头》《警世钟》已在国内大量翻印、广泛流传，撞响了反帝爱国、反清革命的战斗警钟，但面对帝国主义瓜分中国的严峻形势，陈天华认为断没有自己不肯捐躯，反而鼓动他人献身之理，毅然决定以身作则，回国参加革命斗争。1903年冬，陈天华返抵湖南，与黄兴等人一起宣传革命，并组织策划发动武装起义，准备在国内播撒革命的火种，加快反清革命的步伐。

1903年11月4日是黄兴30岁生日，他在长沙的住所置备了酒席，邀请陈天华、宋教仁等人喝酒。

"黄兄，请我们吃什么好东西？"

"只怕醉翁之意不在酒吧。"

陈天华和宋教仁同时到了，他们都是湖南籍的留日学生，在日本都参加了拒俄运动和军国民教育会的活动。

黄兴今天特意穿了件绸布长外套，他本来身材不高，体态粗胖，这样一打扮还真像个商人。他听到陈天华、宋教仁两人的声音，急忙迎出来：

"酒菜都是你们最喜欢的，今天你们就放开量吃喝吧。"黄兴说着把两人让进里屋，又命人把外屋门关好。

屋里已有几个人先到了，他们也是湖南籍的留日生，大家都很熟悉。黄兴见大家坐定，先端起酒杯："今天是我的生日，承蒙各位赏光，我先敬各位一杯，干！"

大家见黄兴很郑重，都把杯中酒干了。黄兴又亲自给大家满上。端起这杯酒，他先用严肃的目光看了看大

黄兴像

家，然后说：

"今天请大家来，用意确实不在酒上，我们都知道我们此番回国的使命，要完成它，必须尽快行动起来，不能再消极等待了。你们的大哥我刚好到而立之年，如果大家信得过我，就再喝下这一杯，我愿带着大家共举反清大业。"

"大哥，我就等着你说这句话呢，我们快行动吧。"陈天华听了黄兴的话异常兴奋，他一改往日书生的文弱气，一口喝下了那杯酒。

其他的人都把酒喝了。黄兴见大家都接受自己的意见心里很高兴，他一边劝大家吃菜，一边说：

"你们看，我们最需要做的工作是什么？"

"扩大反清宣传，发展革命同志。"陈天华马上说："我这些天一直在想这个问题，最好能把我的《警世钟》《猛回头》和邹容的《革命军》再印些，秘密地散发出去，再找那些深受影响的人做我们的同志。"

"那最好是有组织地进行。"宋教仁说。

"说得对，这是我请大家来的根本目的。我们必须建立一个像军国民教育会那样的组织，系统地、有计划地进行革命活动。"黄兴说。

"不过，在国内以办学会的方式也生存不下去呀。"

"那就办公司。"陈天华的目光凝聚在黄兴身上，笑呵呵地说："黄大哥正好像阔佬，你来做老板，名字吗……，有了，用你名字中的一个字叫华兴公司怎么样，它的真实含义是振兴中华。"

"好主意，真有你的！"宋教仁拍了拍陈天华的肩膀，首先表示赞同。

酒桌上的气氛更加高昂起来，你一言我一语充实着陈天华提出的方案。他们把公司的名字进一步具体化，起名叫华兴矿业公司，为了隐蔽起见，他们还确定了许多暗语。"矿业"代替革命，"入股"代替入会，"股票"就是会员证。他们提出公司的口号，"同心扑满，当面算清"。

商议妥当后,黄兴站起来对大家说:"现在万事俱备,只欠东风。大家想想哪一天举行组织成立大会呢?"

宋教仁说:"天华,你点子多,看看哪一天正式成立妥当。"

陈天华低头想了想说:"依我看,选在明年2月15日这天晚上举行成立大会再合适不过了。"

大伙儿一听,忙问:"为什么?"

陈天华笑了笑:"你们想,咱们这个组织,虽然对外号称'华兴矿业公司',但实际上是反清爱国的革命团体。目前满清政府统治摇摇欲坠,他们正极力扑灭革命

黄兴是华兴会的重要领导人之一

党人的反清活动。我们举行成立大会，人员一定很多，一旦被清政府耳目觉察到，不仅会坏了我们的大事，而且还可能造成无谓的牺牲！"

众人听了连忙表示认同。

陈天华又接着说："明年2月15日，是阴历除夕，这天晚上大家都忙着辞旧迎新，在家里过节，亲戚朋友欢聚一堂是正常的事，我们趁这个机会举办成立大会，可以掩人耳目，别人会以为我们在欢度佳节，不会加以干涉。所以我认为这一天对我们的活动来说是万无一失的。"

黄兴高兴地点点头："天华说得很有道理。那好！我们就定于明年2月15日举行华兴会成立大会！"

大家也都表示赞同。

转眼到了1904年2月15日，华兴会成立大会正式召开了，陈天华和其他与会同志一致推举黄兴为会长，宋教仁、刘揆一为副会长。会上，提出"驱除鞑虏，复兴中华"的革命口号，并一致通过"雄踞一省"，各省响应的战略方针，决定以湖南作为首义之区，促使各省响应，达到完成革命大业的目的。会员进行了分工，陈天华承担了宣传工作与策动群众、军队参加起义的任务。

2月15日，这天晚上，长沙城里，家家灯火通明，鞭炮声不绝于耳。在城南角的黄兴寓所里，也是一派热闹的节日气氛。陈天华、宋教仁及许多爱国人士都汇聚在这里，每个人都兴致勃勃，掩饰不住内心的喜悦之情。黄兴走到大家面前，环视了一下屋内的来客，然后用低沉而有力的声音说道："诸位来宾，在这辞旧岁，迎新春之际，我宣布，华兴会正式成立了！"

房间内顿时响起了热烈的掌声。

黄兴摆了摆手，示意大家静下来："我们这个组织的口号就是'驱除鞑虏，恢复中华'，要坚决推翻腐朽的清政府！"

宋教仁像

"对！一定要推翻清政府！"众人一致响应。

这时陈天华高声说道："诸位，我提议由黄兴兄担任华兴会会长，宋教仁担任副会长，不知大家是否赞同？"

众人一致举手表示赞同。

陈天华又说："黄兄，我们的组织已经成立了，按计划我们该采取行动了吧？"

黄兴点了点头："对！我们要立即采取行动。目前全国反清高潮日甚一日。不过，我认为，北京是满清政府活动中心，受政府严密监视，不适合首先发动革命。"

陈天华马上深有领悟地说："黄兄的意思是我们先从地方起事？"

"对。"黄兴一挥手说道："我们应采取雄踞一省，各省响应的策略，选择革命条件比较成熟的地方发动起义，同时分头去运动外省各界起而响应，革命才能成功！"接着他转向陈天华："天华，你认为呢？"

陈天华赞同地说："黄兄说得很对。我想，湖南的革命条件比较成熟，可以作为首先起义的地区，在湖南，长沙的情况较好，如果要行动，不妨首先在长沙起事。"

黄兴马上说道："我也正有此意，在长沙首先发动起义，然后推及至整个湖南，以后以湖南为根据地向全国推进，不知各位认为如何？"

宋教仁等其他爱国志士也纷纷表示赞同。于是，华

兴会成立后的第一次行动就定为发动长沙起义,大家分头去准备。

为宣传鼓动群众参加革命,陈天华一边补充、修改《警世钟》,使之广泛散发,在长沙书店里"罗列满布者,触手皆是",一边到各地进行演说。同时,陈天华还积极策动军界、学界参加武装起义。江西吉安清军巡防营统领廖名缙创办随营学堂,邀请陈天华前往帮忙,陈天华

黄兴塑像

认为这是运动军队的好机会，便步行赶往吉安，力图劝说廖名缙响应湖南革命，届时率领部队起义。华兴会的秘密革命活动，引起了清政府的密切注意，湘中反动官绅借端罗织罪名，派出大量暗探搜捕华兴会员。

陈天华和黄兴等商议决定在阴历十月初十慈禧太后七十岁生日那天，用预先埋下的炸药，一举炸死在长沙万寿宫行礼祝寿的全省文武官员，然后宣布长沙起义，并在其他几个地方同时响应。这之前，陈天华负责在军队中动员士兵参加起义。不久，为了更好地发挥地方组织的力量，黄兴又让陈天华做好哥老会会员的工作，吸引他们参加长沙起义。怎样吸引哥老会会员参加长沙起义呢？陈天华绞尽脑汁，终于想出一个好主意，就是在阴历八月十五天，大张旗鼓地举行授予会党首领马福益为同仇会少将的授衔仪式，乘机动员哥老会众参加华兴会的外围组织同仇会，为筹划长沙起义积蓄力量。

阴历八月十五这天，是湖南浏阳普集市传统的牛马交易会，集市上人山人海，热闹非凡。来赶集的都是农民，他们绝大多数是哥老会会员，他们有的赶着牛马，有的赶着猪狗来到市场。一阵锣鼓声响过后，喧闹的人群顿时静了下来，他们的眼睛都往一个方向看。只见陈天华走上一个临时搭起来的土台子上，向人们说："乡亲们，我奉同仇会之命，授予哥老会首领马福益为同仇会

少将军衔的职务,请马英雄举起手来,宣誓。"长着满脸络腮胡子,身材魁梧的马福益,举起右手,宣誓说:"我志愿加入同仇会,愿意遵守同仇会的规矩,愿意担任少将职务,愿为同仇会的发展壮大效犬马之劳。"稍后不久,刘揆一说:"我们同仇会将发给马首领长枪二十支,手枪四十支,马匹四十匹作为入会的酬劳。"马福益乐呵呵地接受了这一馈赠。这次声势颇大的聚会对哥老会众起到了直接的革命动员作用,哥老会会员大约有10万余人参加同仇会。

正当陈天华摩拳擦掌准备长沙起义的时候,不幸,消息走漏了。狡猾的湖南巡抚陆元鼎派密探假装与二位会党骨干交好。10月初,密探和会党骨干在饭店吃饭。

在饭余酒后，会党骨干激动地说："万寿节快到了，我们快要动手了。"这话被密探听到，突然将二人逮捕，把二人带到县衙门。在严刑拷打之下，他们两人供出了华兴会长沙起义的计划。湖南巡抚十分惊恐，立即发兵四处搜捕革命党人，一些地方组织会员惨遭杀戮，幸好黄兴和陈天华事先得到消息，匆忙离开湖南，才未落入刽子手的魔爪。长沙起义未来得及发动，便遭到镇压，陈天华、黄兴等人痛心疾首。

1904年11月7日，陈天华与黄兴等人辗转来到上海公共租界。这批刚从虎口脱险的革命志士，不畏艰险，决心重整旗鼓。他们在租界内创办了译书局，作为策动起义的秘密机关，并决定分头运动大江南北的军、学两界，在武昌、南昌等地发动武装起义。经过陈天华等人的共同努力，不到十天时间，华兴会又重新振兴起来，陈天华兴奋异常。然而，革命的道路不会是一帆风顺的，一个偶然的事件又将革命党人正在升腾的革命热情浇灭了。

此年7月，广西会党发动起义，攻占柳州，并分兵三路向广东、贵州、湖南进军。广西巡防王之春慑于起义军声势，意欲以全省矿业资源为条件，获得法国帮助镇压起义。事情传出后引起全国人民的强烈义愤。王之春也因此被革职。1904年11月，王之春途经上海，一个

名叫万福华的青年志士欲行刺他以泄民愤。但是万福华却因疏于枪械操作未能成功,巡捕闻声而至,将万福华逮捕。这就是著名的万福华刺王之春案。万福华被捕后,华兴会会员章士钊曾前往探视,因而被巡捕跟踪,结果秘密机关启明译书局遭到破获,黄兴等十余人因此先后被抓获,其他人也纷纷逃离,从而使刚刚酝酿的起义计划再次流产。

一天,陈天华正在印发革命传单,一个会员急匆匆地赶来找他:"天华,快收拾东西,这里不是久留之地。"

黄兴像

陈天华一惊："怎么，出事了？"

"嗯。你快走吧，到安全地方我再告诉你。"

陈天华坚定地说："你必须先告诉我，发生了什么事？"

这个会员无奈，只好如实相告。

原来，一位华兴会会员在行刺一个卖国官员后，不慎被外国巡捕跟踪，结果使华兴会的一个秘密机关遭到破坏，黄兴等人先后被捕，其他人也不得不仓皇撤离。现在，巡捕房正在四处搜捕华兴会同党分子。

陈天华听后，心头一沉，想到起义计划再次被破坏，黄兴等会友被捕，他悲愤不已。

来报信的会员又催他快些离开，陈天华斩钉截铁地说："你走吧，我要留下来，他们不是要找我吗？我就在这里等着他们，我要同黄兄他们一起面对不幸。"

会员一听急坏了："天华，你不走，留在这里岂不是等死吗？"

陈天华坦然一笑："革命不成功，国家就会毁灭，民族就会消亡，这不就等于是死吗？我还求什么生存呢！"

革命运动的屡屡失败使陈天华的郁闷变得更为强烈，而在现实面前无力回天的无奈也让他对未来感到失望迷茫。在这种郁愤而又悲观的情绪笼罩下，陈天华的待死可以看成是对现实无力而又软弱的抗诉。此时的他，肯

有心杀贼，无力回天。死得其所，快哉快哉！

谭嗣同就义

定会忆起湘人豪杰谭嗣同的悲壮。而对英雄豪杰的模仿，也增加了陈天华自身行为的正义性与合理性。

会员说不过陈天华，只好又搬来好多华兴会会员，大家一致劝说陈天华应该留下有用的身躯，以便将来再找机会发动革命。在朋友们的劝阻下，陈天华打消了死的念头，决定留身以待。第二天，陈天华才从容地转移到安全的地方。但是形势显然已经不允许陈天华继续留在国内。

这一时期，陈天华所写的《猛回头》与《警世钟》已在全国得到更广泛的传播，已有更多的人受到这些文字的启迪而幡然猛醒。清政府和在华的外国侵略者既惧怕又恼怒，他们派出巡捕明搜暗访，欲置此书的作者于死地。如张之洞在1904年底发布的《札湖北臬司通饬各属查禁逆书》中，便指明《警世钟》为"其倡言排外，将以继穷凶极恶之拳匪而激成瓜分。其妄谈革命，将耸愚昧无知之愚民而自戕同类……丧心病狂，大逆不道，言之实堪发指"。又说《猛回头》"词意亦极悖谬，与《警世钟》大同小异。因此，此等逆书，亟应严拿查禁"。上海租界中的外国侵略者也恼怒于两书对帝国主义侵略者的激烈立场，因而伙同清政府明察暗访寻找两书的著者"神州痛哭人"和"群学会主人"。在这种情况下，陈天华继续留在国内，实在是危险重重。经朋友们一再劝说，1904年底，陈天华再次东渡日本。

改良与革命

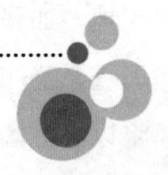

陈天华到日本后,进入政法大学学习。但是革命活动屡受挫折,使陈天华的心理受到了很大的打击。在《猛回头》与《警世钟》中,陈天华为我们描绘了一种千呼万拥的理想主义革命蓝图,但革命实践的屡屡挫折证明那不过是书生意气的遐想。这使陈天华一方面对现实的严峻有了更清醒的认识,一方面也在这种沉沦局面面前感到不知所措、无所适从。革命道路的艰辛是陈天华之前不曾预见的。虽然光复会、日知会仍在活动,但笼罩全国的却是黑压压的皇朝统治。面对朦胧而又黯淡的革命前景,陈天华在身心疲惫之余感到的是一种失望与无奈、苦闷与抑郁。据同时期东渡的宋教仁回忆陈天华此时的情形:"湖南事败,君……走日本,忧愤益大过量,时时相与过从,谈天下事,未尝不哽咽垂泣也。""盖自是憔悴忧伤,泪痕萦萦然不绝于目矣",表现出忧伤过度的精神状态。陈天华是个感情极易波动的人，而且由于很少经历实践的磨炼，意志力也很薄弱。对革命活动充满希望的陈天华因而在不断的挫折面前很容易陷入悲观的境地，使他表现出前所未有的焦虑与难以发泄的郁愤，从而在情感上出现巨大的波折。

这种波折也影响了陈天华思想与心理的变化。陈天华聪颖过人，对新事物具有敏锐的感受力和很强的接受能力。因而他并没有将无奈的心情停留在感情的宣泄上，

陈天华像

现实的挫折也激发了他进一步去思索现状与救亡之策。

陈天华自1904年夏入政法大学以后，细心研读西方近代的政治社会学说。由于知识结构与生活经历的缘故，陈天华对中国传统的思想文化与现实的国势民生有较多的了解。但是在对资产阶级共和国、民族主义、资产阶级民主、自由等观念与理论的理解与分析上则相对薄弱。从《猛回头》与《警世钟》两书的内容上就可以看出他在知识结构上的这种缺失。因而，此时对理论知识的深入学习弥补了他在这方面的生疏。理论认识的深入也逐渐改变着陈天华的心智，使他对现实局势重新进行思索。在这一过程中，梁启超在日本横滨主编《新民丛报》，宣传新民学说与伯伦知理的国家主义，在青年学生中有很大影响。梁启超在清末思想界，对西方观念与理论的理解是比较深刻的。梁启超的这种深刻吸引了刚刚因为浪漫的理想主义而备受打击的陈天华。经原华兴会成员徐佛苏、罗杰介绍，陈天华前往横滨与梁启超会面，相互交换各自的政见与观点，并且后来又有多次书信往来。梁启超的改良主义与国家主义显然影响了陈天华。这些影响表现在陈天华不久后写作的《要求救亡意见书》以及此后陈天华思想的深层痕迹中。

《要求救亡意见书》的写作缘于1905年初东北形势的进一步危急。1905年1月，日本《万朝报》译载法国某报文章，在留日学生中引起巨大骚动，纷纷宣布中国将被瓜分之说。为此，四川学生首先集会，由邓孝可提出《要求归政意见书》，主张西太后归政光绪，以一主权，并要求清政府"宣布立宪以定国是。"文章还提议留学生致电清政府，推举代表伏阙上书。正是在这种背景下，陈天华撰写了《要求救亡意见书》，并在留学生中散发。

《要求救亡意见书》全文三千余字，其主要篇幅是采取二人设难辩答的形式展开。与《猛回头》《警世钟》一样，陈天华在此文中指出当时的形势已十分危急，并说明了不得不拟向政府请愿要求救亡的理由。他说："近日以来，警电纷至，危迫情形，视前尤急，同人多焦心灼虑，苦无良策，乃于无可如何之中，作一死中求生之想，则唯有以救亡要求政府也。"在政府与国民的关系上，陈天华认为国民是国家真正的主人，而政府不过是负责管理国家的事务，作为主人的国民有义务督促政府维护国家的安危，而不能任由管理者为私利而出卖主人的利益。所以在当前危机的时刻，陈天华呼吁国民投身于救亡活动中，向当今政府请愿救国。

《要求救亡意见书》向政府提出的对外条件有三项：一、勿以土地割让于外人；二、勿以人民委弃于外人；三、勿以主权倒授予外人。对内条件有四项：一、当实行变法；二、当早定国是；三、当予地方以自治之权；四、当予人民以自由、著述、言论、集会之权。同时陈天华还提出四项国民应该承担的义务：一、当兵；二、纳租税；三、募公债；四、为政府奔走开导。最后，《要求救亡意见书》表示，将以留学生全体名义，于两周内赴北京请愿。

应该说，在爱国主义的表述以及在阐述政府与国民之间的政治关系上，陈天华的思想并没有什么变化。而在《要求救亡意见书》中，陈天华真正的变化是在爱国主义的实践层面上。在《警世钟》《猛回头》中，陈天华将清政府斥为洋人的朝廷，主张以暴力手段将其推翻，建立一个崭新的国家。但是在《要求救亡意见书》中，陈天华则主张以和平请愿的方式促使清政府觉醒，进而使之能担负起外拒列强的责任，并对国内政治进行改革。虽然在《猛回头》《警世钟》二书中我们也可零星感受到陈天华的这种思想，但只是在此时，它才成为陈天华思想中一种明确的主张。这显然与改良主义对他的影响有关。但更为重要的则是陈天华在新的环境中对时局的重新认识。在举行起义屡屡失败之后，陈天华对革命的长期性与复杂性认识得更为清楚。因而在岌岌可危的国势面前，陈天华显然认为寄希望于漫长的革命已经不能满足现实急迫的要求。应急之策，不如要求政府承担起救亡之重任。他说："政府之将以土地、人民、主权三者与外人，一弹指间也；而吾子之革命，旦夕可举乎？吾想议论未定，而条约上之效力发生，已尽中华之所有权移转于他人手矣，则何如要求政府，与之更始以图存乎？"从中可见，在爱国主义的前提下，陈天华对自己实现救亡的现实途径进行了变通。改良，成了其中可以尝试的手段。

在陈天华的思想中，革命始终处于主旋律地位，改良只是不得不为之的权宜之计。而到底是诉诸革命手段还是采取改良立场则取决于清朝政府在现实政治生活中表现出的姿态如何。自1901年起，清朝政府推行新政改革、兴办实业、练新军、办教育，表现出前所未有的革

新倾向。虽然政府变革的步伐始终无法满足社会的需要,但是却不能一味以顽固守旧的眼光来看待。尤其是到1904年日俄战争爆发后,形势又发生进一步的变化。战争本身虽然给中国带来了屈辱,但是对当时政治心理的转变却是大有帮助。中国的有识之士均认为这场战争实为立宪与专制之争,而"日俄之胜负,立宪、专制之胜负也"。日本的胜利使中国朝野"皆谓专制之政,不足复存于天下",这种论调刺激了1904到1905年之间立宪救国思潮的勃然兴起。"上自勋戚大臣,下逮校舍学子,靡不曰立宪、立宪,一唱百和,异口同声。"在这种社会思潮的推动下,清朝政府也表现出维新立宪的姿态。朝野上下激荡的立宪潮流在当时是具有极大影响力的。许多先前有革命倾向的青年在此时都转到立宪改良的立场上,陈天华思想的波动显然也与这一潮流有关。

直至撰写《国民必读》一书时，陈天华仍然认为无论是君主立宪还是民主立宪都是有别于专制政体的近代国家形式。在救国的前提下，两者都是可取的，而关键在于清王朝是否愿意实现政体的转变。也正因为如此，陈天华对清政府能否改弦更张不抱有太多的幻想。他说："吾侪之要求，所以使政府应付外人之要求外，而亦留一二以应吾侪之要求也。盖使彼惟虞外人之一方面，而不虞国民之方面，则必至举吾侪尽售之于外人。"而之所以和平请愿，则是"侥幸望其勿售"。显然陈天华对政府并非抱有太大的希望，因而他也没有将所有的筹码压在政府推行改良上，向政府请愿只是表达出一种朦胧而又隐约的可能。他说："至于警告而不听，则吾侪自必有继续之行为，绝非仅如公车上书之故事也。各民党之对于政府也，必先提出要求之条件，要求而不纳，然后有示威之举动，无不如此者。"当请愿行不通时，则便要诉诸革命的手段，"政府能与吾侪共致死于外人，则外人乃吾侪致死之所也；政府必须以吾侪送之于外人，则政府乃吾侪致死之所也"。同时，他还解释说，这种请愿会推动爱国主义、国民思想以及权利观念的传播，因而也会点燃革命的火种。

中国同盟会成立之后，陈天华开始将更多的精力用

于著述之上，以宣传革命思想，阐发三民主义。这时，他的主要宣传阵地是同盟会的机关报《民报》。同盟会同仁以三民主义为主要思想，而机关报之主旨即在发扬革命理论，传播三民主义，因而决定易名为《民报》发行。此后，陈天华便一直担任着《民报》撰述员的职务。

革命风潮的涌动与革命形势的发展使陈天华很快进入了他的第二个创作高峰期。在1905年10月25日出版的《民报》第一期上，他便发表了《中国革命史论》《今日岂分省界之日耶》《记东京留学生欢迎孙君逸仙事》《丑哉金邦平》《中国宜创设民主政体》《怪哉上海各学堂

陈天华曾在湖南省新化县生活、学习。

各报馆之慰问出洋五大臣》等文章，同时，他还写作了白话论说文《国民必读》与小说《狮子吼》。

应该说，在1903年夏秋之际，是陈天华第一个创作高峰期。其代表作《猛回头》《警世钟》便是成书于此时，陈天华本人也因此名声大噪。此后的日子里，陈天华将主要的精力投入到了革命的实践活动中。虽然他也从事于写作，却并没有产生具有广泛影响的文章，而且在思想上也没有多少创新。经过实践的磨难与理论的再学习，陈天华在1905年秋冬之际又表现出强烈的创作激情，并且在思想上与其前期的著述有了较大差异。为了明晰其中的线索，我们可以将他此时期作品分为两类进行考察：一类是以《国民必读》为代表；另一类是以《中国革命史论》《中国宜创设代议政府》为代表。两者间又存在着时间上乃至逻辑上的关联。

《国民必读》写于1905年秋天，副题为"奉劝一般国民要争取权利义务"。全文围绕国民、国民权利、国民义务三个概念而展开，并详细地论述了国民应享有的各种权利及应履行的各项义务，号召国民应拿出国民的身份来，要回被皇帝所侵夺的权利。

《国民必读》最突出的地方在于陈天华对西方近代的政治学说以及自由、民主观念的介绍。应该说，这是陈天华前期作品中很少涉及的内容。在《猛回头》《警世钟》中，陈天华将很多的笔墨用来介绍西方帝国主义的侵略以及清王朝的腐败无能，对自由、平等、天赋人权诸学说都鲜有触及。而在《国民必读》中，这些观念与学说则成为陈天华论推的逻辑起点。在这篇文章中，他以西方近代的国家观与国民思潮来论述国民、权利与义务等概念。他说："国以民为重，故称国民。国民的讲法，是言民为国的主人，非是言民为国的奴隶。""何谓权利，人民在此一国之内，那一国的权柄，必能参与，一国的利益，必能享受，人家不能侵夺，也不可任人家侵夺。"而"何谓义务？……犹言各人本分内所当做的事。"陈天华在这种近代民族国家观

陈天华烈士遗诗，尹瘦石书

的指导下认为，国家是国民的公产，国民是国家的主人，而皇帝、官长不过是国民推举出来，替"公上办事"而已。

从这种普遍的理论出发，陈天华指出现实的政治生活实际上逆转了国民与官长的关系。权利仅为皇帝持有，而国民的权利却被剥夺了，甚至降至奴隶的地位，但是却要承受与之不相称的义务，这是不合情理的，而且与普遍法则相违背。因而，他号召民众拿出国民的身份，争取自己应得的权利。他认为这些权利是国民应该享有的，它不是政府与皇帝的施舍。他说："这人权是从天赋来的，不容人家来侵夺，也不容自己放弃。"从天赋人权的角度来论证国民权利的合法性，这为国民争取权利提供了法理上的依据。

陈天华的前期作品主要是充满感情色彩地渲染现实局势的危急，而对于如何解决问题，却没能提出具体可行的现实步骤。在《国民必读》中，陈天华虽然仍描绘国破家亡的危急图景，但却将更多的笔墨用来论述一些可操作的具体的步骤。而对民主、自由、权利的论述也由模糊不清转入具体。在《国民必读》中，陈天华列出了国民应该争取的八项权利。

（1）政治参与权。即国民参与政治生活的权利。陈天华指出国民参与政治是立宪政体的根本要求，但在当

中华爱国人物故事
ZHONGHUA AIGUO RENWU GUSHI

陈天华塑像

前的专制政体下,国民没有政治参与权,而任由皇帝官长独断专行。陈天华认为,既然参与政治的权利是人之为人的一个重要因素,因而他呼吁国民一定要争夺这种权利。

(2)租税承诺权。即国民与政府订立协约,国民缴纳相应的租税,政府不得任意加增,同时政府要让国民明了租款的使用。陈天华认为租税为一国财政之源,因而国民取得租税承诺权，便可约束政府的行为。

（3）预算决算权。陈天华认为政府的财政收支是混乱无章的，因而大家要"逼迫政府把一年之中所要用的，照实先向国民呈一张预算表；国民将每年应收若干，应出若干，细细查清"。这一要求实际上便是国家财政的民主化、透明化。

（4）外交参与权。陈天华认为国家为国民之公产，而如今的政府却将之视为私产，肆意将国家权利出卖于列强。因而陈天华要求国民"要同政府争这外交参与权，不准他们任意把中国的土地主权、矿山铁路，赠送各国"，"如再敢照以前的行为，咱们大家就独立起来，各守各地。他们所订的条约，全然不认"。

（5）生命财产权。陈天华认为生命与财产是天赋的不容剥夺也不容放弃的权利。而政府把国民的生命如草芥一般，任意残杀虐待；把国民的财产如泥土一样，任意勒取索诈。陈天华号召国民要以死力争这生命财产权。

（6）地方自治权。陈天华认为地方自治权是实行立宪的先声。推行地方自治，有助于培养国民的政治思想，提高社会的民主程度。但是现有政府却压制地方推行自治，以维护官府对权力的垄断局面。陈天华认为国民应该奋起力争。

（7）言论自由权。陈天华指出，言论自由对社会进步有着巨大的推动作用。政府为自己的私利而禁止国民谈论其长短，这是不合理的。国民是国家的主人，应该享有议论的自由。陈天华认为这既可改变风气，又可起到监督政府的作用。

陈天华宣传革命蜡像

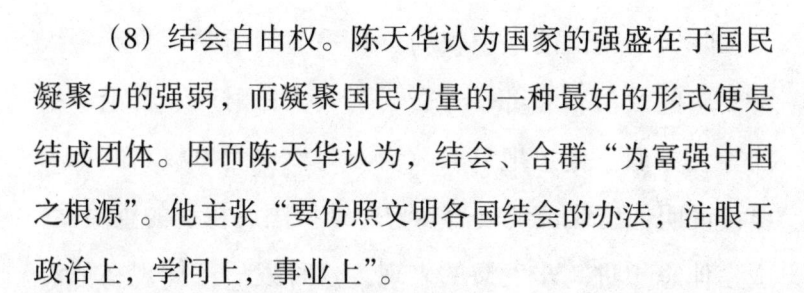

（8）结会自由权。陈天华认为国家的强盛在于国民凝聚力的强弱，而凝聚国民力量的一种最好的形式便是结成团体。因而陈天华认为，结会、合群"为富强中国之根源"。他主张"要仿照文明各国结会的办法，注眼于政治上，学问上，事业上"。

权利与义务是对等的，因而在八项权利之外，陈天华还提出国民应尽的三项义务。

（1）人人有纳租税的义务。陈天华在此并不是为纳皇粮辩护，他是从一种新的民族国家观念来看待这个问题的。他将国家与皇家分离开来，认为纳税是纳于国家，而非皇家。国民作为国家的主人，纳于国家的税租是为了办公共的事业，是为国民自身谋福利，而并非为了满足皇室之贪欲。国家作为一个庞大的系统，各项支出的费用只有从租税中收取，而在如今的多事之秋，事务繁杂，如开学堂、办军事、兴主业等，所需经费尤多。作为国民，就必然有纳税的义务。

（2）人人有当兵的义务。陈天华认为既然国家是国民的公产，那每个国民都有责任保卫国家的存亡。

（3）人人有借钱与国家的义务。这个立论的前提同样是一种近代国家观。陈天华认为国家是国民公共的财产，因而有时为了公共的利益，急需费用，向他国借贷只会加重国家的负担，而不如向国民贷借。

陈天华提出的八项权利，几乎包括了中国资产阶级所要求的政治、经济、外交、个人生命财产、言论、结社等各方面。他还把争取政治参与权作为争权利的第一项，说明他已认识到政治参与对维护国民权利的重要性，这是他思想进一步发展的表现。这种发展还体现在他对民主政治越来越具体、细致的了解。陈天华提出的权利要求，已经逐渐触及可操作的实践层面。陈天华对未来社会图景以及这个社会运作模式的认识日渐清晰了，这是其前期作品不曾具有的。

在前期作品中，陈天华都是力证政府已成为无可救药的"洋人的朝廷"并极力主张通过武装革命推翻现有政府，重建新政权。但在这里，陈天华已从激进的立场

上退却了。陈天华认为，救国与推翻政府并没有直接的联系。在《国民必读》一书中，他从国民与政府的关系来立论，认为问题的关键在于明确双方责权的分配与权利义务上的对等关系。只要这种关系得以确立，实际上便可实现由专制政体向立宪政体的转变。那么如何实现这种转变呢？陈天华认为应先以和平手段，向政府提出要求，通过请愿的方式来实现政体的和平转变。如果政府坚持维护专制政体，坚持不给予国民应有的权利，那就应将政府推翻。显然陈天华是以建立国民参政政体为目标的，在实行的手段上能和平则和平，而将暴力革命作为最后的解决手段。以往的研究一直认为，陈天华的这种主张是受改良主义的影响在思想上的一种倒退。事实上，在1905年初陈天华的确受到改良主义影响而对清政府产生幻想。但是与其说这是一种退步，不如说是一种转变。在《国民必读》一书中，陈天华将绝大部分篇幅用于阐述国民的权利与义务上，只用了简短的几句话去论述如何去争取这种权利。在其中我们可以看到这种思想，即认为实现救亡的根本在于使国民享有对应的权利与义务，而问题的关键在于造就有学问、有武力、合群、坚忍的近代国民。陈天华显然认为，只有这样才能真正实现政体的转变。他认识到改造社会的复杂性远非单纯推翻清政府所能解决，因为革命能否取得成功取决于革命者主体素质的高低。同时从根本上来说，建立新型民族国家也需要培养出高素质的国民方能实现国家政体的转变，从而使国民得以享有对等的权利与义务。他认为，革命之所以有意义，是因为通过革命可以实现国家政权组织方式的转变，这种转变只能是文明有序的革命才能达到，而文明有序的革命则有赖于培养出高素质的国民才能完成。

在陈天华的前期作品中，对国民懦弱、恭顺与彼此间的冷漠已多有批判，他认为要挽救危机的国势，抵御外部帝国主义的侵略，只有造就出新型的近代国民与外族相抗衡。这就要求民众克服现有的诸种劣性而培育出新的人格特征。而关于这种人格特征的具体内容，陈天华在自己的文章中曾多次提到。

陈天华认为学问为万事之源，各种事业如军事、经济、政治都是以学问知识为基础的。他认为列强之所以强盛，就是因为其国民均受过教育，有学问。而中国多数人不能受到教育，即使受教育的人也大多是学习一些无用的学问。在弱肉强食的国际竞争中，这种国民是无立足之地的。陈天华认为国民必须以近代学问知识来武装，这不仅是由于民族竞争的需要，也是民主化的需要，是国民享有权利的前提。

陈天华认为武力也是新型国民必备的条件。对武力的崇尚是晚清社会思潮的一个重要特征。1903年陈天华曾经加入军国民教育会，显然也深受尚武思想的影响。他一反传统文化对斯文的赞美而称颂武力的伟大，并将尚武视为应受到尊敬的美德。他认为在当今弱肉强食的时代，国民具有武力是使他真正地担负民族主义责任的保证。

陈天华针对中国人散漫、冷漠和缺乏公益心的弱点提出了国民需合群。陈认为："中国虽说有四万万个人，即是有四万万个心，如散沙一般，所以弱到这个地步。"而要在世界竞争中争胜，则只能将中国人集合或整合为一个有凝聚力的实体。因而陈天华认为国民应该养成合群的观念，抛开原始情感的忠诚，围绕着对民族国家的忠诚团结起来，矢志于民族间的生存竞争。

陈天华认为革命与救国事业是一项艰苦漫长的工作，民主化也同样不是一蹴而就的。这就要求国民要坚忍到底，不可因为一时的挫折与磨难虎头蛇尾。

虽然陈天华并没有专门论及他对近代国民品德的要求，此处的概括也仅仅是他认为在争取自身权利的斗争中国民应该具备的基本素质。但我们仍有理由相信以上是陈天华对新的国民道德的核心要求。因为在陈天华极具政治色彩的小说《狮子吼》中，那些朝气蓬勃的年轻人的身上正集中体现了这些精神，还因为陈天华在临终

之时对后人的勉励中所强调的"坚忍、奉公、立学、爱国",与此处的概括几乎如出一辙。这并不是巧合,而是说明它已经化成了相对稳定的思想认识。早在戊戌变法时期,以严复为代表的资产阶级改良派便提出"新民德、鼓民力、开民智"的主张。及至梁启超提出更为系统的新民理论,并在社会上形成影响广远的"新民"思潮。但从其所包含的内容看,仍不出民智、民力与民德的范围。

陈天华对权利、义务与近代国民应具备素质的论述,是对其民族主义不可或缺的补充。这表明陈天华已经认识到建立民族国家并不是孤立的,它与政治民主化密切相连。两个问题实际上是统一的。一方面,没有国家的独立,根本不可能有政治参与的自由,国民甚至会沦为奴隶,政治民主化也无从论起。另一方面,若国民不能参与政权,那么

卢梭像

国民便无法为国家的强盛出力，也无法制止专制政府对国家主权的出卖，建立民族国家也是一句空谈。而陈天华越来越重视的正是这一点。

建立民族国家、实现民族自由与建立民主化的立宪政体是陈天华一生关注的两个中心议题。就前者而言，他主要吸收了当时流行的帝国主义理论、种族学说与社会达尔文主义。一方面在优胜劣汰的场景中去描绘现实沉沦，另一方面又在进化历史观的指导下对未来充满信心，而实现两者间联系的纽带正是民族国家的建立。关于后者，陈天华深受卢梭民权思想、社会契约论与总体意志的影响。卢梭思想中包含的令人振奋的理想主义使陈天华对卢梭的称颂远多于其他人。这似乎是一种摆脱积重难返的恶习的强心剂，可以医治中国人沮丧的精神和萎靡的政府。

拥护孙中山

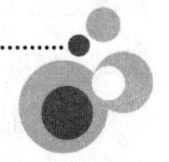

陈天华是个情绪激荡的人。华兴会曾几次试图发动起义，结果都失败了，因此陈天华的情绪受到很大挫伤。有一段时间，他认为革命会很快成功，居然想通过向清朝政府"请愿"来救亡，差一点和保皇派站到了一起。

1905年夏天，孙中山从欧洲来到日本，这位伟大的民主革命家的到来，使陈天华从绝望中又看到了一线希望。

孙中山一见到陈天华，就以赞赏的口气对他说：

"我早就拜读过陈先生的大作，尤其欣赏陈先生在《猛回头》中的一个政治主张。"

"什么主张？"陈天华迷惑不解地问。

"就是合作一个大党的主张啊，是先生第一个提出的，怎么倒忘记了。"说着，孙中山爽朗地笑起来。

陈天华这才恍然大悟。接着，孙中山又对陈天华说：

"现在的革命形势很好，当前最要紧的事，就是按照陈先生的主张，把华兴会、光复会、兴中会等革命团体联合起来。"

孙中山的话还没有讲完，陈天华的心境变得豁然开朗，如同拨开云雾看见青天一样。当天夜里，陈天华躺在床上，翻来覆去睡不着，孙中山的话又在他耳边响起：

"只要我们能做到，大家团结一致，不论革命前的事，还是革命后的事，都分别有人去考虑，一旦革命成功，共和政府就能立即建立，天下也就太平了。"

"孙先生讲得太好了，看起来，孙先生这样的人，绝不只是民族英雄，实在是个世界大人物！"陈天华思忖着。他决心站到孙中山的旗帜下，把自己的一切都贡献给民主革命事业。

　　1905年7月30日，陈天华参加了中国同盟会筹备会，参与起草了同盟会章程。8月20日，同盟会在东京正式举行成立大会，陈天华被选为书记。陈天华担任《民报》的主笔，以新的姿态投入了战斗，为中国资产阶级民主革命的发展做出了积极的贡献。

孙中山塑像

参与发起同盟会

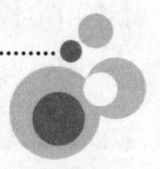

　　两次策划武装起义的失败，使陈天华觉得国家、民族前途渺茫，心情格外抑郁。1904年底，重返日本的陈天华与一年多前的他已迥然相异。那时他慷慨激昂，满怀信心，希望从日本这个通过维新得到富强的国家寻求救国救民之路，而今他反清救国一再受挫，实际上已成为亡命海外的朝廷要犯。于是他为祖国的前途日夜忧伤，甚至认为宁愿一死瞑目，以免目睹中华亡国的惨剧。

　　陈天华来到日本后，正值伟大的革命先行者孙中山先生正在为筹划成立一个全国性的统一的革命组织而奔走呼告。20世纪初，民主革命思想广泛传播，革命形势迅速发展，从事民主革命多年的孙中山满怀信心地指出："中国现今正处在一个伟大的民族运动的前夕，只要星星之火就能在政治上造成燎原之势。""全国革命时机现已成熟"。勃兴的革命斗争需要有一个统一的组织来领导。

而当时的兴中会、华兴会、科学补习所、光复会等革命小团体,都是区域性的革命团体,并且缺乏明确的革命纲领,难以承担领导革命的重任。因而,他主张要联合中国内地的几个革命小团体,组成全国性的革命政党。孙中山吸取多次起义失败的教训,决心"招集同志,合成大团,以图早日发动"。就是要联合全国革命势力,成立一个全国性的革命组织,以领导全国革命运动。

在各革命团体中,华兴会的力量和影响仅次于兴中会。黄兴、陈天华、宋教仁、姚宏业、刘揆一、刘道一、杨笃生、谭人凤、吴禄贞、胡瑛、李燮和、苏曼殊……文韬武略,人才济济。孙中山所领导的兴中会,其会员多半是华侨,他与国内各省革命志士的联系、他与大批

同盟会部分成员合影

留日学生的实际接触，不及华兴会多。华兴会是留日学生中最主要的革命团体。因此，全国革命政党能否顺利地组建起来，华兴会的态度具有举足轻重的地位。

7月28日，孙中山到宋教仁、陈天华等创办的杂志社进行商议。陈天华首先介绍了长沙起义失败的情况，孙中山则据历次失败的教训，详细地阐明了联合各省革命团体、革命同志的必要性。他指出："中国现在不必忧各国之瓜分，但忧自己之内讧。此一省欲起事，彼一省亦欲起事，不相联络，各自号召，终必成秦末二十余国之争，元末朱、陈、张、明之乱，此时各国趁而干涉之，则中国必亡无疑矣！故现今之主义，总以互相联络为要。"孙中山又殷勤呼吁："若现在有数十百人者，出而联络之，主张之，一切破坏之前之建设，破坏之后之建设，种种方面，件件事情，皆有人以任之，一旦发难，立文明之政府，天下事从此定矣。"这一席话，使陈天华耳目一新，他坚决拥护孙中山的主张，实现革命的大联合。然而，与兴中会联合的问题，华兴会内部意见并不统一。次日，华兴会的领导人聚于黄兴寓所，商决加入孙中山所建议的联合团体问题。

1905年7月29日，这天天气晴朗，华兴会骨干分子聚集在东京黄兴寓所，召开一次会议。黄兴说了开场白："今天把大家召集来，不为别的，是要每个人就华兴会与兴中会联合的问题发表一下意见,请大家畅所欲言,各抒己见。"没等黄兴说完,刘揆一迫不及待地说:"我想就这个问题谈谈我的看法,我反对与兴中会合并,这样华兴会就会被兴中会吃掉了,看不出我们华兴会的影响。"刘揆一说完后,宋教仁接着话茬说:"我看华兴会和兴中会合并这件事,无所谓,合亦可,不合亦行。"他的态度是模棱两可。刘揆一说:"黄兄,谈谈你的高见。"黄兴说:"好吧,这几天我一直在考虑这个问题,思来想去,我主张,华兴会形式上可以加入兴中会,精神上不妨仍可保存华兴会的团体。"正在大家争论得面红耳赤的时候,陈天华站起来,说出了他的看法:"我对诸位的观点不敢苟同,我赞成华兴会与兴中会联合,这样不仅可以壮大华兴会,而且会有助于中国革命的成功。昨天下午,我见过孙中山先生,孙中山和我入木三分地谈起了各地革命团体实行联

孙中山手书的同盟会十六字纲领：驱除鞑虏　恢复中华　创立民国　平均地权

合的重要意义，我认为他讲得有道理。通过与孙中山接触，我认为孙中山是中国四万万人民的代表，是中国英雄中的英雄，他代表着中国的未来，他是值得我们大家追随的领袖人物。因而，我们要摒弃小团体主义、狭隘的地方主义，尽早促成联合一事。"这次会议虽未能就华兴会与兴中会联合问题达成一致意见，但陈天华的鲜明观点对一部分迟疑不定的人有明显的启发，会后不少人改变了态度，使多数人赞成联合。陈天华鲜明的态度，说明了他对联合问题的重要性，比华兴会中其他人看得更清楚。所以，会后不少会员改变了态度，这样就为中国同盟会的成立铺平了道路。

1905年7月30日下午，这一天异常闷热，在东京赤坂区桧町三番日本人内田良平的寓所内聚集了70多人，他们是兴中会、华兴会及其他革命团体的代表。由于人多，显得小木屋十分拥挤。当时，孙中山神采奕奕地走上讲台，他激动地说："经过一段时间的准备，各革命团体联合的问题现已有了眉目，今天把大家召集来是想举行筹备会议。"大家热烈鼓掌欢呼，掌声如雷。孙中山接着说："我提议联合后的革命组织名字叫中国同盟会，同盟会的会纲为：驱除鞑虏，恢复中华，创立民国，平均地权。"黄兴说："我们应该立一个誓约，等一会儿宣誓时用。"孙中山即席起草誓约。孙中山草就誓约后指着身

旁的陈天华说:"天华,你是个擅长文辞的人,你看我起草的誓约怎么样?"陈天华把誓约拿过来略加润色、修饰,又拿给孙中山看,孙中山念道:"当天发誓,驱除鞑虏,恢复中华,创立民国,平均地权,矢信矢忠,有始有卒,有渝此盟,当众处罚。"众人都说:"好!"接着,孙中山说:"我们还有一项工作需要做,就是要起草同盟会章程,准备提交同盟会成立大会时讨论,请大家推荐几个人负责起草同盟会章程。"宋教仁说:"我提议陈天华为制订同盟会会章的起草员。"

经过孙中山、黄兴和陈天华等人的共同努力,1905年8月20日,中国同盟会在东京赤坂区灵南坂日本人阪本金

孙中山对同盟会的建立起到了积极的推动作用

弥的住宅内举行成立大会，共有一百多人出席这一具有深远历史意义的大会。会上，通过了陈天华等人起草的同盟会章程，推选孙中山为总理，黄兴为庶务，以协助总理主持工作，陈天华为书记。最后，通过将《民报》作为同盟会的机关报，陈天华参与《民报》的编辑工作，并为主要撰稿人之一。

同盟会的建立，使中国资产阶级民主革命运动进入了一个新阶段，是中国旧民主主义革命史上的里程碑。陈天华在革命的潮流中，能够洞察革命形势的需要，力主实现各革命团体的联合，建立中国第一个资产阶级政党，充分反映了他对现实政治的真知灼见。他为中国同盟会的成立，热情地贡献了自己的一分力量。

当同盟会成立之时，清统治者为了苟延残喘，已决定用"君主立宪"来欺骗人民。资产阶级改良派开始大肆鼓吹君主立宪是中国唯一的出路。刚刚诞生的同盟会为揭穿清政府的阴谋，立刻把反击改良派的挑战作为一项重要任务。陈天华作为《民报》的经理和编撰人，立即挺身而出积极投入口诛笔伐，担当了革命派在这场大论战中的先锋。

此时，清政府为了欺骗人民，派载泽、端方、戴鸿慈、绍英、徐世昌等五大臣前往欧美考察宪政，作出预备实行君主立宪的姿态。为此，改良派额手称庆，而读过《警世钟》的革命志士吴樾则不惜牺牲自己，以炸弹来"欢送"五大臣。9月24日，在北京前门火车站人群混乱，吴樾向五大臣专车进口处挤去，不幸，他怀中的炸弹突然被挤落爆炸，吴樾当场牺牲，徐世昌，绍英两人被炸伤。事后上海报刊竟指责这位牺牲的壮士是"丧心病狂"。陈天华怒不可遏，奋笔写了时评，强烈痛斥清政府。他还形象地把大臣出洋的骗局比做魔鬼画皮，指出吴樾为革命流血牺牲，就是撕去清政府假立宪的画皮，在改良派一致责难的喧嚷声中，陈天华率先颂扬烈士，代表同盟会阐明了对狙击出洋五大臣事件的态度，充分体现了他坚定的革命立场。除了此篇时评，陈天华在《民报》创刊号上还发表了《中国革命史论》《论中国宜改创民主政体》《纪东京留学生欢迎孙君逸仙事》《今日岂分省界之日耶》等战斗檄文，成为革命派对改良派冲锋陷阵的一员猛将。同时，他还创作了宣传革命派政治观点的小说《狮子吼》。他把中华民族喻为一头睡醒后的雄狮，预示中国革命的光明前途，表现了他对帝国主义的刻骨仇恨和对祖国的深厚感情。当时读了《狮子吼》的人，无不感叹地说："读此篇而不怒发冲冠，拔刀击案者，必非人也！"陈天华大力宣传爱国主义和民主革命思想，与改良派坚决作战，无愧为辛亥革命前期杰出的资产阶级革命宣传家。

难酬蹈海亦英雄

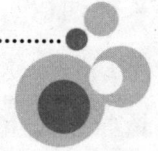

1905年12月8日，在东京城里开往大森湾的公共汽车上，陈天华一身素衣，静静地坐在车上，他似乎在凝视着远方，又仿佛什么都没看。他的思绪早已被滚动的车轮带入了一个月来发生的所有一切之中。

同盟会成立后，推动了全国革命形势的高涨。在东京，各省留日学生都建立了本省分会，并派人回内地建立组织，发展会员。东京留学界已成了海内外革命中心。清政府选派留学生，鼓励自费游学的愿望，愈益走向了它的反面。在此情况下，清政府就不得不考虑对策了。于是清政府勾结日本政府，由日本文部省在1905年11月2日颁布了《关于准许清国人入学之公私学校之规程》也就是《清国留学生取缔规则》。这个规则共十五条，其中规定：无论是官费生、私费生，到日本留学，必须由清公使馆介绍，接收留学生的学校，一定设有留学生学籍、

考勤及来往书信文件登记册,留学生必须住进学校的宿舍和公寓,不能住校外公寓,各级学校不能招收为他校因性行不良而被饬令退学的学生等等。如按这一规定,所有留学生都将被清政府驻日公使与日本政府控制起来,来往通信、住宿都失去自由,特别严重的是所谓"性行不良"一条,清政府与日本当局随时可将这顶帽子扣在留学生头上,从而使留学生失去学习的机会。当时留日学生界已看出其阴谋,指出:"规则第十条性行不良一语,不知以何者为良不良之标准?广义狭义之解释,界说漠然。万一我辈持有革命主义为政府所忌者,可以授意日本,竟诬指为性行不良,绝我入学之路,其设计之狠毒,不可思议。"日本文部省次官木场也毫无隐讳地承

认这一点："留学生之中，属于革命派者甚多，这次文部省颁布的规则，将使他们蒙受一大打击，殆无疑问。"

清政府勾结日本帝国主义，迫害革命学生的卑劣行径，自然激起留学生们的极大愤怒。东京留学生界几乎全部卷入反对取缔规则的行动。12月4日，弘文学院留学生首先罢课，接着各校纷纷响应。5日，三百名留日学生在富士见搂开会，会上著名的女革命家秋瑾发表了演说，谈到女子要发扬爱国心时，至痛哭流涕，哭后又演说。秋瑾因此愤而退学。会上决定，坚决反对文部省命令，发表题为《东京留学生对文部省取缔规则之驳议》的声明。声明一一驳斥了取缔规则的所有规定，认为专为中国留学生制定规则是"非对平等国人民所宜有"，"是名义上使吾人受不同等之待遇"，作为平等国国民是不能接受的，规则中规定"学校干涉学生之往来书类，是侵害我书信之秘密"，干预学生的住宿是"侵我种种之自由权"，至于"性行不良"，本在法律上无一定标准，一定坚持让学生退学，那么学生因学校管理不善、教育不良想选择他校的自由也没有了，学生"一言一动，凡属防卫一己之权利"也没有了。《驳议》最后指出，日本制定取缔规则是用"专制政府之法以取缔留学生"。会议除将上述驳议交文部省外，还决定了自6日起各学校一起罢课的决定。为使罢课顺利进行，制定了《学生自治

规则》，规则指出：（一）对于日本之个人，不宜有恶感情；（二）不宜于停课期内游公园、上料理馆，并不宜入各劝业场，各商店购买物件；（三）因有要事外出，宜自爱自重，勿致为警察干涉。为保证罢课一致行动，留学生们还推出纠察员，巡行各地。

七日，东京和京都的留日学生共八千余人，实行了总罢课。正如当时一个留学生所说："此次抗争，合八千人而为一气，而又严行自治，条理井然，绝无一丝毫暴乱情形，纪律之师。虽日人亦为之气慑。盖自有学界以来，团体之硕大整齐未有如今日者也。"从3日到7日，以学校或各地同乡会为名，留学生的集会亦复不少，有不少集会已提出"以停课要求,若日本政府不许,则全体退学回国。"

留学生的行动起初并未引起日本政府的足够重视,日本文部省仅发表了一个《说明书》,对什么是"性行不良"作了一番解释,由于日本政府肇持与留学生为敌的立场,于是留学生开始陆续返国。较早离日的有秋瑾、刘道一、黄复生、熊克武等,陈天华的好友姚宏业也是其中的一个。

陈天华对留学生取消"取缔规则"的斗争是极为关心的。他与留日学生一样,对日本政府"剥我自由,侵我主权"的行为极为愤慨。但是他认为全体罢课并退学回国的办法,并不是个好办法。当时远在美国的孙中山也不同意这样的做法。但陈天华看到"各校同心,八千余人,不谋而合"的情景后,他就从内心"颇不赞成"而转到"如何使运动"全体一致,务期始终贯彻方面来了。

果不出陈天华所料,留日学生界本来就不是铁板一块,为追求真理者有之,但也有人是为功名利禄而来。全体罢课,紧接着全体归国,将使少数抱着镀金思想的留学生希望破灭。于是在留学生团体中,对待罢课和归国问题,产生了原则分歧。先是留学生总会干事杨度不出面了,而把责任推给干事曾鲲化,曾鲲化同样不肯负责任,只有吴玉章勇敢地承担了责任。接着出现了全体罢学归国及反对全体罢学归国之间的斗争。

117

随着斗争的深入，留日学生的态度开始发生了变化，而其中的两个现象尤其让陈天华寝食难安，忧心忡忡。一件事就是，对于反对取缔规则的斗争，留学生内部在认识上、方法上开始产生严重分歧。以陈天华、宋教仁等人为代表的一派主张全体留日学生应罢学归国，不在日本忍辱求学，回上海办学，以这样的举动洗刷耻辱，而且一些赞同这种观点的学生已开始陆续回国。另一派则认为，留学生全体回国，有被清政府一网打尽的危险，留学生应忍辱负重，等罢课取得一定胜利后，就和平了结此事。这两派都有拥护者，双方争执不下，陈天华为此忧心不已。另一件让陈天华忧虑的事情便是中国留日学生总会的一些负责人，纷纷引退，不愿意承担领导这场运动的责任。

宋教仁了解陈天华的心事，就安慰他说："天华，任何斗争都不会是一帆风顺的，你不要想得太多。"

陈天华仰天长叹一声："我真是恨铁不成钢，有劲儿使不出来呀！"

宋教仁也叹了口气："要是孙文兄在这里就好了，他会告诉我们如何去做。"

"是呀！只可惜……"

看到陈天华忧心忡忡的样子，宋教仁又安慰了他一阵子才回去。

这一夜，陈天华翻来覆去，很晚才入睡。

第二天，陈天华很晚才起床，吃过早点，他照例拿起了每天必读的《朝日新闻》，迅速地浏览了报纸的大致内容，猛然间，他的目光停住了，嘴里不自觉地读出了声："大清国留日学生集体罢课的原因，是由于他们对文部省的命令的解释过于偏狭而产生不满，以及清国人所特有的放纵卑劣的性情所促成的。不过他们的举动很快就要失败，因为他们的凝聚力十分薄弱……"读到这里，陈天华脸色遽变，怒火万丈。

"我该怎么办？"从陈天华读完报纸后，他一直在心里不停地问："我该怎么办？"写文章？对于救国的空谈，人们已经读厌了。演讲呼吁？留学生会不会听从呢？或

者一时听从，日后又忘却了呢？他的一个个想法都被自己否定了。猛地，又一个念头闪过他的脑海，以身投海！无论他做什么，这个念头一直萦绕着他。一想到日本人对中国人的污蔑，一想到留学生中的分歧，负责人的逃避，陈天华就悲愤不已，不能自拔。"对！我要以非常的行动，以自杀来震惊国人，以自杀来激励留学生团结、斗争，以自杀来向全世界宣布，中国人民不是放纵卑劣的芸芸众生，而是有民族尊严，有高尚道德的伟大人民！"

作出了蹈海的决定，陈天华的心情反而平静了。生长在民族沉沦的年代，他多少次目击山河破碎、黎民遭殃的惨剧，多少次义愤填膺、痛不欲生。如今，能以死报国，他认为值得。

这天夜里，他写下了《绝命书》，在书中他声明，他投身东海，是为了大家有所震动，团结起来，以实际行动除去"放纵卑劣"四字，而实行"坚忍奉公，力学爱国，卧薪尝胆，刻苦求学"，来振兴中华民族。他还告诫国人，决不要相信改良派的说教，"欲使中国不亡，唯有一刀两断，代满洲执政柄而卵育之"。他写道：如果大家日后还纪念他，就切勿忘记他今日的遗言。

陈天华还给留日学生总会的负责人写了封短信，要求他们尽力维持，领导好这场反对"取缔规则"的学生

运动。

12月8日清晨,陈天华起床后,仍和平时一样洗漱、读报,进早餐,然后从容地离开宿舍,将绝命书等挂号信寄出。做完这一切后,他登上了开往大森湾的公共汽车。

一直到晚间,陈天华还未回来,引起了朋友们惊异。深夜,留学生会馆门房匆忙来告:地方警察局发电到使馆,称海上发现了陈天华尸体。天未亮,宋教仁等便赶赴大森湾,才知陈天华于8日早晨乘车到大森湾,为了"警动"中国人民,首先"警动"留日学生,激励留学生界"去绝非行,共讲爱国"投入了茫茫的大海。在陈天华口袋里发现一张"书留"(即寄信凭单),根据这个凭单,宋教仁等到留学生会馆,找到了他的一封长信,即是他的万言《绝命书》,以及所附的二纸短简,一纸为

《致留日学生总会诸干事书》，一纸为《致湖南留学生书》。

　　陈天华面对浩渺的大海，拍岸的惊涛，想到自己七尺男儿，正值壮年，就将在异国海域结束短暂的一生，不禁产生缕缕哀愁。感伤虽有，但陈天华并不犹豫，想到自己的死能唤醒千百万民众团结起来，振兴中华民族，陈天华毅然坚定地向深海一步步走去，无情的海水终于吞噬了他年仅31岁的生命。多才多艺，著书醒人的优秀革命家陈天华就这样为国捐躯了，苍天为他低眉，大海为他哭泣。

陈天华、姚宏业合墓

陈天华的《绝命书》是他作为杰出的资产阶级革命宣传家的绝笔，陈天华蹈海殉国的目的，并不单单为了激励留学生界坚持反对"取缔规则"的斗争，而有更深刻的用意。统观《绝命书》全文，和他的其他作品一样，里面充满了陈天华对祖国的热爱和救国的赤诚。宋教仁在《陈星台先生〈绝命书〉跋》中，强调陈天华是"以救国为前提"的，很值得我们深思。如前所述，陈天华极为重视留学界，认为留学生越多，中国的风气越能开通。《绝命书》一开头就有一段话："呜呼我同胞！其亦如今日之中国乎？今日之中国，主权失矣，利权去矣，不在而不是悲观，未见有乐观者存。其有二线之希望者，则在于近来留学者日多，风气渐开也。使由是而日进不已，人皆以爱国为念，刻苦向学，以救祖国，则十年、二十年之后，未始不可转危为安。"

但是，留学生界情况并不令人满意，有为功名利禄的，更有道德败坏的，在"取缔规则"斗争中形成了分裂，日本报刊的攻击"放纵卑劣"更使陈天华痛心疾首，他说："鄙人心痛此言，欲我同胞时时勿忘此语，力除此四字，而做此四字之反面：'坚忍奉公，力学爱国'。恐同胞之不见听而或忘之，故以身投东海，为诸君之纪念。"他又说："……今日死之，使诸君有所警动，去绝非行，共讲爱国，更卧薪尝胆，刻苦求学，徐以养成实

力,丕兴国家,则中国或可以不亡。此鄙人今日之希望也。"可见他之所以投海,是为了以死来警觉留学生界,改正缺点,团结一致,全力投入爱国救亡运动中去。

《绝命书》还对当时一些具体问题提出了看法,如外交上如何对待日本?陈天华反对那种不求自强,希望依靠日本来抵御美、英、俄侵略的主张。中国只有自强,才能有真正意义上的外交主权。对当时国内兴起的收回利权运动,陈天华是赞同的,认为是"民族进步"的表现。但他更希望的是能够通过利权回收运动,"于此数年之间,改变国政",然后"开通民智,整理财政,养成实业人才",这样才能真正地将利权收回,那时也可吸收外国资本。如果不这样,"争之甲者,仍以与乙,或遂不办,外人有所借口,群以强力相压迫,则十年之后,亦如溃堤之水滔滔而入,利权终不保也。"收回利权的前提在"改变国政",这就抓住了问题的要害。否则,不过是以暴易暴,利权谈不上收回,反而会引起帝国主义更大规模的掠夺。陈天华的话是不幸而言中了。辛亥革命后,资产阶级革命派没有掌握住政权,袁世凯之流掌权后,中国的主权进一步沦丧,几达万劫不复的境地。总之,陈天华的《绝命书》不算长,但却包含着陈天华思想发展中许多珍贵的东西,陈天华短暂的一生虽然结束了,但他反帝爱国的民主革命精神在中国人民心中留下了永不磨灭的印象。

陈天华蹈海殉国的噩耗传出后，留学生界同声哀悼。《绝命书》，一经宣读，"听者数千百人，皆泣下不能仰。"中国留日学生大受震动，立即作出了集体归国的决定，数千名留学生罢课返国的行动，震惊了国际舆论。日本当局迫于此，不得不对"取缔条约"作新的解释，承认留学生提出的一系列正义要求。

在陈天华的家乡，更是群情激愤，数千人参加了同盟

陈天华蹈海殉国的英雄壮举，已载入中国革命的史册（图为人民英雄纪念碑）。

会湖南分会组织的追悼大会。翌年5月，陈天华的灵柩和在上海投江的姚宏业烈士的灵柩一同被运回湖南。湖南学界在革命党人禹之谟、宁调元的领导下，要求将两位烈士公葬于湖南名山——岳麓山。当这些要求遭到官府的阻挠和恐吓时，很多学生以烈士们的敢死精神为榜样，群起抗争。出葬之日，长沙全城学生万余人整队送葬，一队抬着陈天华灵柩，一队抬着姚宏业灵柩，分两队前往岳麓山。送葬队伍缓缓前行，首尾绵延十余里，哀歌动地，祭炮震天。有人在回忆中记述当时的情景："适值夏日，学生皆着白色制服，自长沙城中观之，全山为之缟素。"沿途，官府派出的军警亦被震慑，呆立路旁，不敢干涉。这次公葬，实际上成了一次外争国权、内争民主的政治大示威，有力地推动了湖南革命形势的向前发展。

在"中国其将亡矣"的危急时刻，陈天华撰写了《猛回头》《警世钟》等著作，为反帝爱国大声疾呼，发出了振聋发聩、惊人醒目的警世长鸣。陈天华不仅用笔撰写了《警世钟》，更可贵的是，为了唤醒民众的救国觉悟，他勇敢献身，毅然蹈海自杀。成为"最有功于革命"的一代英雄。陈天华用自己的青春年华和血肉之躯熔铸了一座长鸣的警世之钟。陈天华短暂的一生结束了，但他的英名和他的《猛回头》《警世钟》等著作，将永远载入中国革命的光辉史册。"长梦千年何日醒，睡乡谁遣警钟鸣?"陈天华,用他毕生之精力、顽强之精神,铸就的中华警钟,敲醒了一代国民,震动了神州大地,久久回荡,浩气长存。

中华爱国人物故事
ZHONGHUA AIGUO RENWU GUSHI